大阪府
事業引継ぎ支援センターの挑戦

大阪府事業引継ぎ支援センター　統括責任者
中小企業診断士
上宮 克己【著】

リンケージ・パブリッシング

はじめに

本書は、中小企業のための事業承継・M&Aをスムーズに進めてもらいたい想いから上梓しました。我が国の中小企業は現在、後継者確保が大きな課題となっているからです。政府は事業引継ぎ支援センターでマッチングを行うことなどを通して、課題に対処しようとしています。2018年11月に中小企業庁が発表した2016年の経済センサスのデータ分析によると、中小企業・小規模事業者の数は357・8万者でした。2014年は380・9万者だったので、2年間で実に23・1万者も減少していることが明らかになっています。

また、東京商工リサーチの調査によると、2018年に全国で休廃業・解散した企業は4万6724件もあります。休廃業・解散した企業の代表者の約8割が60代以上で、高齢化による事業承継問題が浮き彫りになっています。中小企業の急激な減少は、雇用確保という点からの問題だけでなく、中小企業が持っている貴重なノウハウの喪失も意味します。日本の土台が揺らいでいるのです。

私は、2012年から国の事業である大阪府事業引継ぎ支援センターの統括責任者（プロジェクトマネージャー）を拝命し、事業承継（親族内承継・従業員等への承継）・事業引継ぎ（中小企業のM&A）に悩まれている中小企業の皆様と、たくさんお会いする機会をいただきました。

執筆時点でのこれまでの支援実績は、事業承継計画作成実行支援２３８１社、M&A支援による成約１５２社となっています。大阪府事業引継ぎ支援センターは、セミナーを契機とした相談が多いことが特徴です。他県の場合、セミナーから相談に来られる割合は数%ですが、大阪は50%もあり、その数は８００件を超えます。また、本部より各都道府県のセンターに対して、規模に応じた「成約目標」が課されるのですが、大阪は達成率がナンバーワンです。２０１８年は6カ月で達成させてしまいました。こうした実績は、センターの事業が始まって間もない頃、「まず社長さんに窓口に来てもらわなければ」と思ったことが出発点になっています。1年で20回のセミナーを行い、98件の面談を行いました。

セミナーを開催頂いた金融機関の理解を得て、徐々に協力体制も構築され、今では年間50回セミナーを行い、６００件以上の相談を受けるまでになっています。セミナーに参加してくださった社長さんにアンケートで「お話をうかがわせてほしい」という欄を設けると、ほぼ全員が承諾してくれます。能動的にアプローチしていく「プッシュ戦略」は大阪府事業引継ぎ支援センターの特徴です。

セミナー以外にも、22の金融機関と連絡会議を行ったり、研修をさせていただいたりして、情報共有や協力体制を確立しています。金融機関からの案件が持ち込まれるのは、こうした「プル戦略」のおかげです。連絡会議では金融機関以外にも経済産業局などの公的機関が全国の状況も共有してくれます。各所との関係が密になれば、それだけきめ細かい対応を中小企業の皆さんに提供できるのです。一般に、金融機関と事業引継ぎ支援センターは競争相手という誤解を持たれることがありますが、決してそうではありません。お互いを補い合い、共同で地域の中小企業のお力になろうとする同志なのです。

承継問題は国や自治体の力だけで解決できるものではありません。一方、民間ではどうしてもビジネスの観点から小規模企業のM＆Aに取り組みにくいこともあるでしょう。両者が力を合わせることこそ重要なのです。金融機関連絡会議はそのひとつの象徴です。

大阪府事業引継ぎ支援センターへは従業員が5名以下でも大きな強みを持っている会社がたくさん相談に来ます。「小規模な案件でも事業引継ぎはできる」ということを多くの社長さんに知ってもらうためにも、中小企業の社長と日頃から信頼関係を構築し、民間支援機関や金融機関の皆さんとともに中小企業の力になれる体制づくりを進めていきたいと思います。

本書はこれまでの私の経験にもとづき、理論より実践を重視して執筆しました。本書における中小企業における事業承継の現状、事業承継計画の作り方、事業承継（親族内承継・従業員等への承継）、事業引継ぎ（中小企業のM&A）についての記述は全て実際の相談事例にもとづいています。また、親近感を持っていただきたい想いから、語り口調で書くことにしました。

中小企業経営者は、従業員・取引先や様々な関係者を守っていかなければなりません。事業承継・事業引継ぎを完了しなければ、たとえ、重い病気になっても引退することができないのです。私はM&Aの成約式で奥さんが経営者であるご主人に「お父さん、これでやっと引退できますね、病気を押して本当に長い間ご苦労様でした。チャンスを与えてくれた上宮さんに御礼を言いましょうね。」と涙ながらに語られる姿を何度も見てきました。このような経営者の力になり、安心して幸福に引退していただきたいと心より願っています。

大阪府事業引継ぎ支援センターは、これからもプッシュ戦略・プル戦略のさらなる強化に加え、民間のM&A業者との情報交換、業界団体・組合関係へのセミナーを通して相談件数を増やしていける仕組みづくりなどに取り組んでいくつもりです。本書を通じて、小さな会社のスムーズな事業承継・事業引継ぎによって経営者・全従業員が幸福になりますことを祈念いたします。

末筆となりましたが、事業承継・事業引継ぎの支援に当たっては、大勢の方々に支えていただき充実した支援を行うことができています。皆様、本当にありがとうございます。これからも何卒ご指導をよろしくお願いいたします。

２０１９年7月吉日

大阪府事業引継ぎ支援センター　統括責任者
中小企業診断士　上宮　克己

目次

第1章 公的支援機関から見た中小企業における事業承継の現状
～後継者問題に直面した経営者に課される3つの宿題～

第2章 事業承継計画の作り方
～親族・従業員・M&Aという承継方法の特徴を理解する～

第3章 トラブルを未然に防ぐ親族内承継の進め方 ～関係者の理解から相続まで～

第4章　ホントに後継者がいませんか？　従業員承継という選択

第5章 中小企業のM&Aスキーム
～タイミングや留意点を知る～

第6章 事業を後世に残すM&A
～手続きラクラク株式譲渡、選択可能な事業譲渡の事例紹介～

本書ではM&Aの当事者へ行ったインタビューが掲載されています。

インタビューは譲り渡し企業の元社長Aさん、譲り受け企業の社長Bさんのお話です。どちらも私がこれまで支援してきたM&A案件のなかから、中小企業のM&Aの現状や理想のM&Aの姿を象徴していると感じたケースです。

M&Aの当事者だけでなく、支援する方々にとってもM&Aの考え方や、進める上で大事なことなど参考になると思います。ぜひご一読ください。

本文に入る前にお読みいただくことで、本書のポイントもより理解しやすくなるでしょう。

M&A当事者インタビュー
譲り渡し企業の元代表取締役A様　その1・・・P52

M&A当事者インタビュー
譲り渡し企業の元代表取締役A様　その2・・・P79

M&A当事者インタビュー
譲り受け企業の代表取締役B様　その1・・・P140

M&A当事者インタビュー
譲り受け企業の代表取締役B様　その2・・・P177

第 1 章

公的支援機関から見た中小企業における事業承継の現状

～後継者問題に直面した経営者に課される3つの宿題～

1　大阪府事業引継ぎ支援センターについて

私が統括責任者（プロジェクトマネージャー）をしている大阪府事業引継ぎ支援センターは経済産業省の事業で、２０１１年の東京、大阪センター立ち上げを皮切りに２０１６年に47都道府県すべてをカバーするようになりました。国は親族内承継、従業員等への承継を「事業承継」と呼び、第三者への承継、いわゆるＭ＆Ａのことは「事業引継ぎ」と呼んでいます。ですから事業引継ぎ支援センターとは「Ｍ＆Ａの支援を行うセンター」ということです。

大阪府事業引継ぎ支援センターの特徴として、金融機関からの紹介が多いことに加え、セミナーをたくさん行っていることが挙げられます。ほとんどのセミナーは金融機関に主催頂いており、参加された経営者にこちらからご連絡の上訪問しています。こうした地道な取り組みの結果、ほかの都道府県の事業引継ぎ支援センターだとセミナーからの相談件数は数％に留まりますが、大阪は50％がセミナーを契機とした相談になっています。セミナーのアンケートで、連絡してもいいかという欄を設けると、ほとんどの経営者の方は断りません。伺った際も、必ず決算書3期分を用意して待ってくれています。

自分から動けず、事業承継について悩んでいる経営者はたくさんいます。にもかかわらず多くの経営者は誰にも相談できない上に、会社をやめるにやめられない状況となっています。引退したくてもお客様、何より従業員がいるので、病気になってもやめられないのです。事業承継の問題は、家族にも心配させたくないから相談していないような方が多いです。ですから我々が親身に聞いて差し上げますと、皆さんが悩みを吐露されます。

２０１１年に大阪の事業引継ぎ支援センターができましたが、開設時と比べ相談内容は大きく変化しました。当初は親族内承継、従業員等への承継、M&Aの３つの承継の相談がまんべんなくあったのですが、最初の団塊の世代が70歳を迎えた3年前から相談のほとんどがM&Aになっています。これは親族が会社に入っていないこと、従業員等への承継はなかなか難しいということが原因です。事業承継問題は、大企業や役所以外は必ず発生するものです。大企業は株式の買い取りの問題や借入金の連帯保証問題などがありません。したがって、比較的優秀な方が継いでくれれば承継は円滑に進みます。

しかし、中小企業の場合は借入金について社長個人の連帯保証が必要だったり、株式を後継者に買い取ってもらうにあたっての資金調達の問題があります。何より関係者の理解を得ることが難しいのです。関係者とは、例えば従業員や取引先です。親族の承継の場合、比較的関係者も理解を得られやすいのですが、従業員等への承継になると難しい。そうした事情を解説していきたいと思います。

2　中小企業における事業承継の現状

どんなに元気な経営者でも、必ず引退する日が訪れます。

しかし、法人にはそこで働く従業員、顧客や取引先、地域、業界に対して存続する責任があります。したがって、企業そのものに引退の日というものはありません。この時、経営者が直面する問題が事業承継です。経営者の平均年齢は、およそ60歳となっており、年々上昇しています。中小企業庁の発表している資料によると、中小企業の経営者年齢の分布は高齢化が進んでいます。1995年頃に47歳前後だった経営者年齢のボリュームゾーンが2015年には66歳前後になってしまっています。こうした要因の一つとして考えられているのが、後継候補者が決まらずに時間が経過してしまうことなのです。経営者の多くは「引退できない状態」といえます。後継者候補が決まらない理由は企業によって様々なケースがあります。しかし、私は比較的承継が進めやすい親族内承継が４割を下回っていることが関係していると考えます。相談に来る社長の話を聞くと、後継者となる親族の方が会社に入っていないケースが非常に目立ちます。「できれば息子に継いでもらいたい」と考えている社長は多くても、肝心の息子には継ぐ気がないため、後継者を決められないのです。

しかし、こうした現状が盛んに叫ばれるせいか、「親族内承継はできない」と決めつけてしまっている経営者もいます。実際、大阪府事業引継ぎ支援センターへＭ＆Ａの相談に来た方で、「息子は海外にいるから、会社を継ぐ気はないと思う」という社長がいました。しかし、念のために確認してみてもらうと、なんと息子さんは会社を継ぐために海外へ勉強に行っていたのです。当然、この会社はＭ＆Ａから親族内承継に方向転換されました。

また承継をするにしても、「何から手をつけていいのか、どこに相談に行けばいいのかが分からない」という経営者が非常に多いと感じます。顧問税理士に相談しても税金のアドバイスはもらえるものの、経営計画や後継者教育については満足な相談ができないので、結局先送りにしてしまっていた方がたくさんいました。先送りを繰り返すうちに時間が過ぎて高齢化している、というのが事業承継をできていない企業の現状ではないでしょうか。現経営者が高齢化すると、事業承継をする際に様々な支障が生まれます。例えば、後継者育成にかけられる準備期間の短期化や、従業員も経営者と同じように高齢化してしまうことなどが考えられます。

3　3つの承継それぞれに対策が必要

事業承継で引継がれるものは以下の3つの承継に大別することができ、それぞれ対策が必要になります。

「経営の承継」
「経営者の承継」
「資産の承継」

私はこれらの承継対策をスムーズに行うため、事業承継に10年かけてほしい、と常々話しています。７年かけて承継して、３年間は会長として承継者をサポートするというのが理想的です。それくらい時間をかけないと、関係者の理解を得ることや、後継者教育の対策に時間が足りないのです。70歳で引退すると仮定した場合、昨今の経営者の平均年齢からすると半数近い企業がすぐにでも対策に取りかからなければいけません。しかし、現実は６割超の企業が取り組んでいません。取り組まない理由としては、「まだ事業を譲る予定が無い」とか、「事業の将来に不安があるから」、「任せられる人がいない」、「借入に際しての個人保証がある」などが挙げられます。

事業承継をした経営者に事業承継を進めるうえで苦労した点を聞くと「後継者育成」、「従業員の理解」、「事業の将来性・魅力」、「自社株など個人資産の取扱い」、「相続税・贈与税などの税金対策」、「後継者への権限の移譲」、「事業承継に必要な知識の収集・習得」、「承継前の経営者の個人保証や担保」などを挙げる方が多いです。取り組まない理由は理解できる点もあります。また、「事業承継は複雑で難しいもの」と考えてしまっている経営者もたくさんいると思います。実際に、事業承継を扱う専門家の中にも「事業承継は難しい」と話す方がおり、顧問の士業の方が社長と一緒に大阪府事業引継ぎ支援センターへ相談に来ることもあります。

しかし、事業承継とは決して難しいものではありません。確かに事業承継は解決すべき課題が多く、混乱してしまうものです。だから私は承継を3つの切り口に分けて整理し、きちんとした対策、つまり事業承継計画を作成してもらいます。親族内承継、従業員等への承継の場合、先ほどの3つの切り口に沿って計画書を作れば、大体1時間もあればできてしまいます。短時間で驚いたかもしれませんが、きっちりと切り口を分けて考えることができれば、それくらいで作成することができるのです。

4　3つの承継の課題

(1) 3つの承継が複雑になってしまうワケ

「いつまでに会社をどういう状態にすればいいのか」という事業承継計画の作り方は2章

の「事業承継計画の作成」(42ページ)で解説するとして、ここでは3つの事業承継である「経営の承継」、「経営者の承継」、「資産の承継」について解説いたします。この3つの切り口からきちんと自社の現状を把握することが事業承継における最初のステップです。

しかし、この現状把握でつまずくケースがたくさんあります。その原因の一つとして、経営者の方の〝優秀さ〟があります。つまり、中小企業経営者の方は基本的にすべて自分でやらなければいけないので、非常に頭の回転が早い。そして一度にたくさんのことを考えてしまう。したがって、切り口を分けずに考えようとしてしまうのです。

例えば、私が相談を受けている時に、「経営の承継」について話をしているのに「資産の承継」の話に飛んでしまったりします。経営者の方の頭の中では同時並行で考えてしまうのです。そういう時は「社長、今はまず経営の承継について整理しましょう」と話して軌道修正するようにしています。

【図表1－1】にあるように、事業承継を3つの切り口に分けて、一つひとつ確認していくことで、社長の考えや事業承継における大事な部分が浮き彫りになります。それらの全体最適を考えることで、事業承継の全体像をざっくりと把握することができるようになります。

(2)「経営の承継」：創業の心、経営理念→経営計画と経営課題の解決

「経営の承継」とは、その会社で引き継がれる〝経営そのもの〟を指します。

例えば、経営理念や創業時の志などにはじまり、現在の経営課題や、中期経営計画などが当てはまります。相談に来る方の話で多いのは、「事業はどんどん大きくしていくことができたものの、管理部門が脆弱なままで、月次の決算がなかなか締まらないのが現状。そんな状態のまま事業承継したら、いつか大きなトラブルが発生してしまうのではないか」と不安に思っているケースです。

「これまで経営計画を一度も作ったことがない」という方もいます。しかし、「だから

【図表1-1】３つの事業承継とそれぞれの課題

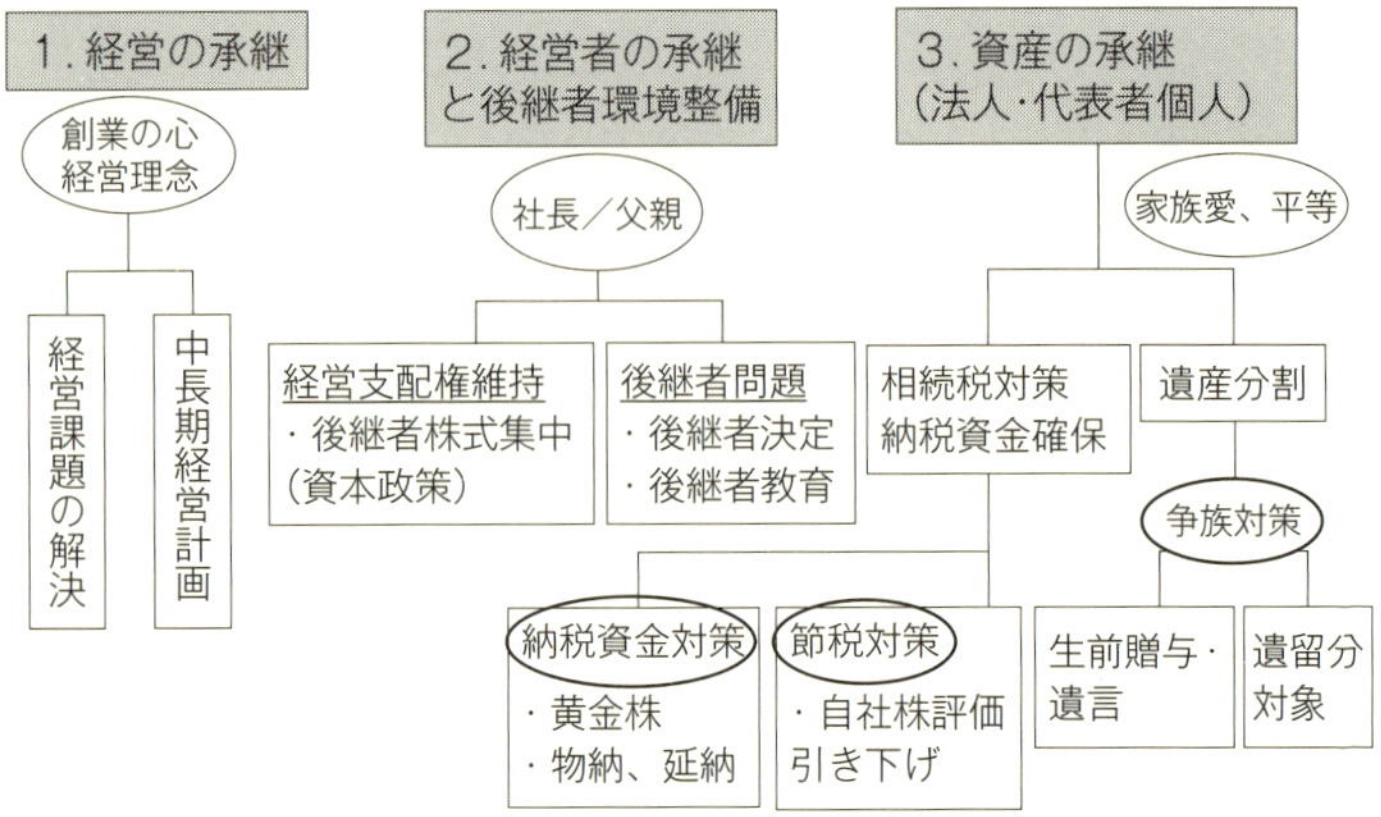

こそ承継にあたっては、きちんとした計画を後継者とともに作って、確実にバトンを渡したい」と考えている方もいます。「あまり収益が上がっていない部門が放置されているけど、承継を機にこの部門をどうにかしたいと思う」、と考えている社長もいます。こうした社長の悩みや、経営の現状をざっととまとめます。まずは大まかで結構です。社長が認識している状態を確認し、整理していくことが重要で、細かいデータ分析などに基づいた経営課題の抽出は後の作業です。

(3)「経営者の承継」：経営支配権（株式）の集中、後継者の決定・周知と教育

「経営者の承継」とは、後継者を誰にするか、経営支配権を確立するために株式をどう集中させるか、そして経営者をどう教育するかということを指します。

この場合、全体最適を考えることが重要です。例えば、後継者候補が、外部の会社で営業の勉強をしてきて、現在は営業部長として活躍してくれているが、事業はものづくりが主体なので、現場も体験させせないといけない、といったことは珍しくありません。仮にこの後継者候補が営業部門に欠かせない存在だった場合、後継者育成のために他の部門を経験させる際の営業力の低下が懸念されます。そこで新たな人員を雇い入れる必要があるこ

とがわかります。営業力の低下や、新たな雇入れによるコストなどは会社の経営にとってマイナスです。しかしその点のみ考えてしまうというのは「経営の承継」に気を取られて「経営者の承継」という視点が欠けてしまっています。後継者教育をしなければ新社長の能力などに不安が残り、結局事業承継後がうまくいかない可能性を高めてしまうわけです。バランスを取り、全体最適の考え方をしなければなりません。

以前、私が支援した会社で、息子さんが兄弟で入社しているというところがありました。兄弟仲が良く、弟さんは後継者であるお兄さんをよく支えていました。

ところが、私が申告書類（同族会社の判定に関する明細書）を拝見したところ、株式の保有割合が兄弟で半々になっていたのです。これはいけません。事業承継後に兄弟間でなんらかのトラブルがあった場合、株主総会で何も決まらない会社になってしまいます。現社長に話を聞くと、税理士に任せていたら、いつの間にかそうなっていたそうです。その税理士がどうして兄弟で株式を半々にしたのかはわかりませんでしたが、例えば税金の面だけを考えてそういう処置をしたとすると、これも全体最適ができていないということになります。

(4)「資産の承継」：相続税などの税金、遺産分割への対応

「資産の承継」の切り口では、法人としての資産、代表者個人としての資産をどうするか、すなわち遺産相続や税金の問題について考えます。個人が法人成りすることは中小企業によく見られますが、資産を確認しておく必要があるケースが多いです。私も、元々個人のコンサル会社からスタートして法人成りしていますから、個人の土地建物を会社で使っています。こういった資産は事業用資産として後継者に引き継ぐのかどうか、個人資産の承継はしっかりと確認しておく必要があります。相続人が何人いるか、株式の集中と相続のバランスはどうするかなども「資産の承継」で重要なポイントになります。これも全体最適の考え方が大切で、「資産の承継」だけを優先してしまうと、退職金を損金計上できるだけ上限いっぱい受け取るということをします。そうすると、多額の退職金によって株価を下げ、株式の移転をしやすくなります。しかし、これでは資金繰りを圧迫してしまうことにつながり、「経営の承継」に支障をきたす可能性があります。株価を下げて移転コストを安価にすることは〝王道〟ですが、バランスを欠いて経営がままならなくなってしまっては意味がありません。

コラム　サブマネージャー兼田の「引継ぎ支援の現場から」「3つの承継」で整理せよ

著者・上宮は私の上役です。部下は当然、上司の言うことをきくもの。ですが、極々たまに（……のはず）、私は上宮に反発することがあったりします。


先日、「事業承継は何からすればいいのか」と相談がありました。話は、経営や組織体制、税、法律と、縦横無尽に展開します。

私はすべての話題を一つひとつ丁寧に対応しました。ところが面談後、上宮の雷が落ちました。

「今の面談、なんや！　全然できてなかったで！」

百戦錬磨の上司の言葉です。素直に聞くべきですが私は、

「いえ、丁寧にできていました！」と反発しました。


本書にある通り、事業承継は「経営」「経営者」「資産」という３つの承継を切り口に考えます。先の相談者は、この切り口で整理できていないため焦っていたのです。実は、優秀な経営者ほど、税務や法務に気を取られ、「誰に何をどう引き継いでいくか」という視点を忘れがちです。だから我々が面談を通して整理して差し上げなければいけません。これこそ上宮が部下に徹底してほしいことでした。

それに気づいた私は、３つの承継を意識するようになりました。このやり方だと相談者は思いつくまま話せません。それが“丁寧”に思えなかったのですが、相談者の反応は意外でした。

「今回で頭が整理できた。今後進むべき方向性が見えてきた」

「不安だったが、いろんな出口戦略が模索できそうだ」

笑顔の相談者をお見送りする、これが当センターで働く醍醐味だと感じました。同時に、これからは年配者、上司、先生の言うことは、まず素直に聞こうと思いました。だから今後は、反発なんてゼロになる、…はずです。

第2章

事業承継計画の作り方

～親族・従業員・M&Aという承継方法の特徴を理解する～

1　事業承継の種類とその特徴およびメリット・デメリット

1章で申し上げたように事業承継は、「経営の承継」、「経営者の承継」、「資産の承継」をそれぞれバランスよく行わなければいけません。つまり、部分最適ではなく全体最適を意識しなければいけないということです。そのためにも事業承継計画を作成し実行していくことが円滑な事業承継の鍵といえます。「経営の承継」、「経営者の承継」、「資産の承継」のバランスを考えず、どれかを優先すると〝ひずみ〟が生じてしまい、スムーズな事業承継ができなくなります。

3つの事業承継の切り口で現状を把握することができたら、次にどのような形で事業承継をするのか決め、それから3つの承継の全体最適をするための承継計画を作成します。大阪府事業引継ぎセンターは、事業承継を考えている社長に対して事業承継計画の立案を支援しています。「事業承継計画」とは、「経営の承継の計画」と、「経営者の承継の計画」、「資産の承継の計画」をひとつにまとめたものになります。

さて、会社を承継してもらう方法は、大きく分けて「親族内承継」、「従業員等への承継」、

「第三者への事業引継ぎ（M&A）」になります。事業承継計画の作り方の前に、まずそれぞれの承継形態の特徴およびメリットとデメリットを確認しましょう。

(1) 親族内承継の特徴やメリット・デメリット

親族内承継は、多くの経営者が一番望まれる姿です。また一般に関係者の方の理解も心情的に受け入れられやすいのが特徴です。

社長の息子さんが後継者として入ってきたとすると、「社長にはお世話になっていることだし、まだ若いので勉強してもらわないといけないけど、がんばってもらいたいな」と従業員の方から思われやすい。また取引先も、社長と同じ名字ですから、「社長の息子か？がんばれよ」という具合に、心情的に受け入れられやすいのです。これが親族内承継の特徴であり、最大のメリットといってもいいでしょう。周囲の応援を得られやすいことを背景に、早期に後継者候補を設定することができ、それがゆえ、後継者教育のための準備期間を十分に確保できることや、株式の相続という手段により所有と経営の分離を回避できる可能性が高いことなどもメリットにあげることができます。

一方デメリットもあります。それは、必ずしも親族内に経営者として適した人材がいるとは限らない、ということです。そもそも社長の親族が会社に入っていないこともあります し、会社には入っているけど継ぎたくないというケースもあります。実際、現社長の息子さんは会社にいるのにM&Aを望まれているケースがありました。息子さんに話を聞くと、彼は「会社の仕事は好きだけど、経営はしたくない」というのです。現在は会社を経営しようという価値観を持った方がどんどん減っているように思います。結局この会社はM&Aをして、息子さんはそこで役付きになって働いています。

経営には覚悟とリーダーシップが必要です。いくら親族が会社内にいたとしても、資金繰りに心をくだくことや人を使うことは苦手、という方には承継ができません。

(2) 従業員等への事業承継の特徴やメリット・デメリット

従業員等への承継の最大のメリットは、たとえ親族内承継で適任者がいなくても、会社の内外から幅広く優秀な候補者を探すことができるということです。この〝選択肢の多さ〟が従業員等への承継の特徴であり、強みです。

従業員等への承継は、非常に困難である場合が多いです。私のいる大阪府事業引継ぎ支援センターが扱った2000社ほどの案件のなかで、従業員等への承継をされたのは今のところ50社弱くらいしかありません。経営者は従業員の後継者候補として、まず、すでにご自身の右腕のような方を想定しがちです。確かに、創業以来会社を支えてきた大番頭のような存在が会社を継げば、比較的社内でも一体感を維持できますし、取引先の理解も得られると思います。しかし多くの場合、大番頭は社長と年齢的にほとんど変わりません。したがって、大番頭の方は「社長の後継者を支える手伝いはできるが、自分がなるのは勘弁してほしい」、「高齢であるのに連帯保証というリスクを抱えることについて家族の理解が得られない」という意見がほとんどなのです。以上のような理由から大番頭のような存在の従業員に会社を継いでもらう例は意外と少ないのです。

では、大番頭的な存在以外の従業員への承継はどうでしょうか？　これは周囲の理解がなかなか得られないのが現状です。

例えば、従業員への承継をした途端、幹部社員が辞めてしまうということがありました。これまで同僚と考えていた人間に使われることに抵抗を持つ方は意外と多いのです。

大阪にたくさんある5人くらいの町工場などは、従業員が全員技術者ということも珍しくありません。技術者としての腕は確かなのですが、経営は別もの。社長が承継の意向を打診しても断られてしまいます。確かに経営者には能力が求められますが、もっと大事なのが「人格者であること」です。従業員のために捨て石になってもいい、というような考えを持つ人は、勝手に育つものではありません。入社したときから経営者としての考え方を教えていく必要があるのです。

私がM&Aを支援している社長などはよく言われます。「会社を大きくして、無借金経営でがんばってきたけど、忙しいあまり後継者教育をしていなかった。経営者として唯一の心残りは後継者を育てることができなかったことだ」と。

従業員等の承継でもうひとつ大きな問題があります。それが個人債務保証の引き継ぎ等の連帯保証の問題です。規模が大きくなるほど恒常的な運転資金も増加するため連帯保証の負担が大きくなりがちです。一方、質素倹約に努め無借金経営をしていると、株価が上がってしまいます。すると後継者の方が株式を買い取れないような状態になってしまうのです。両方が問題になっている会社もあるでしょう。株価も高いし、借入金も多くあり連帯保証の負担が大きいというケースです。経営者として人格的にも優れ、なおかつ資金力がある後継者を育てるのは簡単なことではありません。

(3) 第三者への事業引継ぎ（M&A）の特徴やメリット・デメリット

現在、大阪府事業引継ぎ支援センターへの相談数が一番多いのは第三者への事業引継ぎ、いわゆるＭ＆Ａです。

企業が金融機関へ相談し、大阪府事業引継ぎ支援センターへ支援要請を頂くというケースが多く見られるようになってきました。私は積極的に金融機関との連携を深めるために、金融機関での事業承継セミナーをするようにしています。

しかし、後継者候補がいないということが金融機関に知られると、融資が打ち切られてしまうのではないかと考える社長もいて、ギリギリまで相談しないケースも多いです。そのため、私は金融機関の方に「親族が会社に入っていなかったら必ず悩んでおられるので事業引継ぎの相談にのってあげてください」とお願いし、大阪府事業引継ぎ支援センターと連携してＭ＆Ａを進めて頂いています。

金融機関としても、後継者がいないからといって融資に消極的になるよりも、会社が存続してくれた方が取引の継続が可能なので、積極的に協力して頂いています。金融機関による事業承継支援は今後ますます強化されていくと思います。その際、中小企業経営者との信頼関係が重要ですから、きめ細かい対応ができる地方銀行や信用金庫は特に力を入れて取り組まれると思われます。

会社を承継する一手段としてM&Aのデメリットを挙げると、手続きが煩雑であったり、交渉で慎重なやり取りが必要になったりするため、専門的なノウハウが不可欠なことです。したがって専門家や仲介業者のサポートを受けながら進めることが一般的です。しかし多くの場合、サポートを受けるには着手金等の初期費用が必要になります。これをデメリットと捉える経営者もいます。

希望する条件をきちんと仲介、サポートしてくれる専門家・業者を見つけることが困難なこともM&Aを選択肢に考える上でネックになるでしょう。私はよくM&Aをお見合いにたとえますが、サポートしてくれる支援機関は〝仲人〟になるわけです。〝仲人〟にも得意な分野や進め方に違いがあります。より良い〝お相手〟と出会うためにも、自社に合った〝仲人〟を探すことがM&Aを成功に導く上で大切な要素となります。

M&Aのメリットを譲り受ける側である買い手と譲り渡す側である売り手について、それぞれ挙げてみましょう。

譲り受ける側のメリットとしては、①事業規模の拡大、②相乗効果への期待、③「時間を買える」効果、④新事業の展開・多角化の実現、が挙げられます。

特に異業種とのM&Aは迅速に事業規模を拡大できるだけでなく、自社にはなかったノウハウや優秀な人材を得ることなどによる相乗効果が期待できます。新事業をゼロから始めようとすると時間も費用も必要になりますが、M&Aであれば既存の事業をそのまま取得することができるので、大幅に〝時間を買う〟ことができます。また、新事業の立ち上げは採算性の予測が難しいものですが、既にある事業であれば、今後の予測もつきやすいため、手堅く事業の多角化ができます。

譲り渡す側のメリットを挙げる前に是非お伝えしたいことがあります。それは、多くの経営者が会社を譲渡することを「消極策」と考えていますが、まったく当てはまらないということです。M&Aによって、「事業を引き継ぎたい」と考える企業がいるということは、自分の会社が魅力的であることの証拠にほかなりません。自信を持って、「自社を次のステージに飛躍させる経営戦略のひとつである」と積極的に考えてもらいたいと思います。

譲り渡す側のメリットは①従業員の雇用および取引先との友好関係の維持、②経営基盤の強化、③清算・廃業と比した場合の手取りの増加です。昨今のM&Aは「人の引き継ぎ」が重視されています。したがって、従業員は雇用条件を維持したまま引き継がれることがほとんどです。優良な取引先は売上維持に不可欠ですので、友好関係も継続します。M&

Aで譲り受け企業となる会社は大手・中堅の会社が多く、譲り渡し企業はその傘下に入る（子会社となる）ことで親会社の経営資源（ヒト・モノ・カネ・情報等）を活用することができます。したがって、確実に経営基盤が強化されることになります。実際、大阪府事業引継ぎ支援センターでのM&A案件はすべてが成約するわけではありませんが、成約したところを見ると、基本的に自社よりも大きな会社の傘下に入るので一気に成長していきます。特に営業力や資金調達力など、規模の小さな会社の弱みが補われるので、中長期的にさらに大きな成長が期待できます。

(4) 清算とM&A

譲り渡し企業の社長がM&Aによって得られる利益として、廃業による清算を選択するよりも手取り額が多くなることが挙げられます。課税後の所得を個人の株主に分配する際に、株主側ではみなし配当部分については配当所得として他の所得と合算されるため、約50%の累進課税が課されます。そのため、清算の際には株主側にみなし配当が生じないように退職金の支給を行うなどの工夫をする必要があります。これに対してM&Aの場合は主に株式譲渡となるため、株主が個人の場合は、譲渡益に対して一律譲渡所得税約20%が課されます。また、清算・廃業の場合、時価からディスカウントされた清算価格で評価されますが、M&Aでは会社の純資産価額に営業権の評価額が加算されて株式の売却価額が算出されるのが一般的であるため、これらを勘案すると会社を清算することと比較して、株主が受け取れる手取り額が大きく変わります。大阪府事業引継ぎ支援センターに相談に来られる社長のなかには、決算内容が思わしくなかったり、親族に承継できないので清算を考えているという方もいます。そうした方には、M&Aの時と清算の時の処分価格の違いをお話ししています。

【図表２－１】で示した価格はあくまで一般的な例です。会社をM&Aによって譲渡する場合、通常は純資産価額に営業権をプラスした価額で取引されます。営業権は、経常利益の３年分が目安です。したがって、もし【図

【図表 2-1】M＆Aの価格と清算時処分価格の比較

単位（億円）

	時価	清算評価		時価	清算評価
現金預金	1.0	1.0	買掛金	1.0	1.0
在庫	1.0	0.5	借入金	3.0	3.0
土地	1.0	0.8	負債合計	4.0	4.0
建物	1.0	0.5	純資産合計	1.0	-1.2
機械装置	1.0	0.0			
資産合計	5.0	2.8			

表2－1】の会社の経常利益が年間2500万円だとすると、株式譲渡によるM&Aによる譲渡価格は1億7500万円くらいになると予想できます。それに対して清算では、「処分価格」として評価額が低くなってしまうことが一般的です。在庫は半値、土地は8割、建物5割、機械はゼロ評価になることも珍しくありません。実際にはもっと下がるケースもあるくらいです。建物は価値がないと判断されて、更地の方がいいということもあり得ます。【図表2－1】の場合、清算だと借入金の返済が資産の処分ではまかなえず、債務保証や担保提供している社長個人が1億2000万円の借入金を返済していくことになってしまいます。

したがって「事業を継続させることを前提とする場合」と「事業を止めることを前提とする場合」とでは大きな差が生じるのです。清算では資産が二束三文にしかならない、最悪借金だけが残ってしまうのに対して、M&Aでは手元にお金が残る可能性があるので、たとえ経営状況や決算内容が悪くても、どこかに引継いでもらう道を模索してもらっています。

M&Aはいくつものメリットがあり、一般的な経営戦略の一つになりつつありますが、それでも中小企業を経営する社長の中には「大きな会社しか仲介業者が相手にしてくれない」とか「事業内容が悪くて門前払いされてしまう」といったことで大阪府事業引継ぎ支援センターに訪れます。そうした会社は年商1億円くらいで従業員5人程度の町工場などが目立ちます。中には年商3000万円の企業もありました。もちろんそれより規模の小さな会社であっても、相談があれば大阪府事業引継ぎ支援センターはどの企業も同じように対応します。このように相談に来てくれる社長はいいのですが、仲介業者に断られたことで〝手詰まり〟と判断してしまう方もいることでしょう。確かに、ある程度の事業規模があり、事業もうまくいっている企業はM＆Aが成約しやすい傾向にあります。しかし、「事業引継ぎ支援センター」は国策でやっている事業ですから、ここに登録している民間登録支援機関も非常に協力的で、一般の仲介業者が難色を示すような小さな案件にも対応しています。一般の仲介業者が最低報酬2000万円などと提示する手数料も一定規模（簿価純資産額5000万円）以下の企業については最低報酬200万円からと、安価に設定されています。短期かつ確実にクロージングが期待できる案件であれば、他の民間登録支援機関に先んじるために報酬をディスカウントするケースもあります。大阪府事業引継ぎ支援センターとしても相談者の利益になるので、過当競争になっては困りますが適度な競争はしてもらいたいと思っています。

2　事業承継計画の作成

(1) 事業承継計画を作成するためのヒアリング項目

3つの承継（「経営の承継」、「経営者の承継」、「資産の承継」）という切り口から現状把握をしたら、「親族内承継」、「従業員等への承継」、「M&A」のうち、どの方法を選択するか、後継者を誰にするかを決定します。後継者がいなければ清算するかM&Aを目指すかという選択になります。「清算とM&A」（38ページ）で書いたように、清算とM&Aでは手取り額ひとつとっても大きな差が生じます。従業員のためにもM&Aによって事業がなくならない道を模索してもらいたいと思います。

また、親族が会社に入っておらず、社内にも後継者候補がいないと、拙速にM&Aを進めようとする社長がいますが、思い込みはやめ、関係者に確認をすることが重要です。「実は経営者になるための勉強中だった」とか、「話してもらってからぜひチャレンジしてみたくなった」という可能性もあるのです。

大阪府事業引継ぎ支援センターへ相談に来た社長がM&Aを選択した場合、民間登録支援機関に橋渡しをするか、直接支援を行います（詳細は5章「中小企業のM&Aスキーム」で解説します）。

親族もしくは従業員等の後継者に承継してもらうことを選択した場合、後継者候補をはじめとした関係者と意思疎通を十分に行ってもらうことを前提として、承継方法と後継者を確定します。その上で事業承継計画を作成します。計画作成における具体的なヒアリング項目を見ていきましょう。

①後継者について

後継者が決まっているか、誰に承継させようと考えているかをチェックします。

また、後継者候補の資質や意向確認の有無、後継者候補以外の親族には意向を確認しているかなども、トラブルを未然に防ぐ意味で重要になりますのでヒアリングします。

②承継時期について

いつごろ事業を後継者に渡そうと思っているか、そしてその日から逆算してやるべきことは何か、などを決めていきます。

③経営の承継上の課題について

後継者に引継ぐ際、経営面で気になっていることがあるか確認します。引継ぐべき経営課題があれば書き出します。会社を取り巻く状況の把握が目的です。

④経営者の承継上の課題について

事業承継においては後継者への株式の集中がポイントになります。自社株式評価、株主構成を確認しつつ、どのような方法で集中を行おうとしているかを確認します。

後継者育成についても確認します。育成の方針や、どうやって育成するかといったことを確認します。

⑤資産の承継上の課題について

個人で保有している事業用資産を後継者に集中させる必要があります。しかし、他の相続財産の配分との兼ね合いもあるので、社長がどう考えているのかを確認します。

会社の個人保証がどうなっているか、経営者自身の資産関係（概算相続税額、法定相続人の把握）も重要です。

⑥経営状況・その他について

現在の会社の経営状況や、その他気になる点はないか確認します。

現状と承継後の理想を認識することで、そのギャップが浮き彫りになります。事業承継計画とは、そのギャップを埋めるために「いつ・誰（何）が・どうなっているのか」を認識できるようにするものです。

例えば「経営者の承継の計画」として、今から7年後に社長を交代し、３年間は目利き期間として会長や相談役になってフォローする、という具合です。このように7年後、10年後はどうしたいのか決めていきます。

(2) 事業承継計画を作成する

事業承継計画の作成のおいて重要なことは、最初に会社をとりまく各状況・後継候補者・経営者自身の資産等を把握した上で、「何年目に何をする」という具体的な日程を作ることです。そうすることで「いつまでにこれをやらないといけないんだな」ということがわかり､事業承継をはっきりと意識してもらえます。イメージとしては中長期の経営計画に、事業承継をする時期や具体的な対策を盛り込んだものです。

【図表２－２】は実際にある飲食業の事業承継で使用した計画表です。

表の上部にある「事業の計画」という項目は「経営の承継」に該当する部分です。この企業は店舗を複数持っているので、今後の展開として店舗数を入れています。それと、当然売上や利益についても数値計画を策定しています。

その下にある「現経営者（A氏）」、「後継者（長男B氏）」という項目が「経営者の承継」に該当します。現経営者と後継者の年齢や役職、株の割合などを表にしています。

「現経営者」のなかにある項目を見ると、「関係者の理解」のためにすることとして「社内へ計画発表」と「社長補佐役の新取締役就任」を掲げています。また「株式・財産の分配」への対応策として「公正証書遺言の作成」を挙げています。「後継者」のなかにある「後継者教育」

【図表 2-2】事業承継計画の具体例

事業承継計画

項目			現在	1年目	2年目	3年目	4年目	5年目	6年目	7年目	8年目	9年目	10年目
事業の計画	売上高		16億1500万円	16億5500万円	17億8500万円	18億1500万円	→	18億5500万円	→	→	→	→	20億円
	経常利益		2500万円	3500万円	5000万円	6000万円	→	1億円	→	→	→	→	1億2500万円
	店舗数(ケータリング部門)		6店舗	7店舗	7店舗	→	8店舗	→	→	→	→	→	10店舗
会社	定款・株式・その他												
現経営者(A氏)	年齢		60歳	61歳	62歳	63歳	64歳	65歳	66歳	67歳	68歳	69歳	70歳
	役職		社長	→	→	→	会長	→	→	相談役	→	→	引退
	関係者の理解			社内へ計画発表	社長補佐役の新取締役就任								
	株式・財産の分配				公正証書遺言の作成								
	持株(%)		80%	75%	70%	65%	60%	55%	50%	45%	40%	35%	30%
			暦年贈与	→	→	→	→	→	→	→	→	→	→
後継者(長男B氏)	年齢		34歳	35歳	36歳	37歳	38歳	39歳	40歳	41歳	42歳	43歳	44歳
	役職		常務取締役	→	専務取締役	副社長	社長	→	→	→	→	→	→
	後継者教育	社内	高級割烹店店長	本部長	総括責任者	→	→	→	→	→	→	→	→
		社外											
	持株(%)		0%	5%	10%	15%	20%	25%	30%	35%	40%	45%	50%
			暦年贈与	→	→	→	→	→	→	→	→	→	→
補足			株式及び預貯金を長男(B氏)に、次男(C氏)には、社長自宅を相続させる方針										

という項目を見ると、様々なポジションを経験させて社内教育としていることがわかります。一番下に「補足」となっているのが、「資産の承継」です。【図表２－２】の例では事業用資産と現経営者の資産をどうするかという相続の方針を記入しています。

また、現経営者の退職金の財源準備を記入する場合や、従業員等への承継で自社株式の集中に必要な資金の調達の方法などを記入するケースもあります。

３つの切り口（「経営の承継」、「経営者の承継」、「資産の承継」）で現状を把握すると、事業承継計画の表を簡単に作成することができます。計画実行のポイントは、対策効果の大きいものから優先的に行うということです。短期的な対策、中長期的な対策をタイムテーブルに沿って実行していってください。また、実行した対策の効果を定期的に検証することも重要です。税制改正など環境変化への対応や、計画を進めていくなかで追加の対策が必要になることもあるでしょう。こうしたことを検討する機会を適宜設けることも忘れないでください。

Ｍ＆Ａの場合の計画は、多くが相談に来てＭ＆Ａをすると決めてから環境整備（磨き上げ）に入るため、どうしても〝突貫工事〟な計画になります。時間的余裕はないが不採算部門をＭ＆Ａまでになくしておこうとか、少しでも効率化を進めようという具合です。大阪府事業引継ぎ支援センターが民間登録支援機関に橋渡ししたら、1年くらいで成約されます。成約後の引継ぎ期間を含めても2、3年です。したがってM&Aの場合の計画は、磨き上げをしながら成約を目指し、引継ぎ作業で仕上げをしていくイメージです。ただ、当センターへ相談に来る前から磨き上げを進めていたことでスムーズにM&Aがまとまったり、M&Aのシナジー効果を最大限高めたりした企業もあります。早めの対策が良い結果を生むことは間違いないでしょう。

事業承継は親族内承継にするか、従業員等への承継にするか、M&Aにするかによって具体的な対策が変わってきます。具体的対策については、3、4、5章で別途詳細に解説したいと思います。

3　全社一丸となることの大切さ

事業承継は企業にとって大きな試練となります。だからこそ、全社一丸となることが重要になります。特に親族内承継、従業員等への承継においては、社内の方向性を合わせなければ成長はおろか、事業の継続すら危うくなってしまうケースもあります。事業承継計画の作成も、方向性を合わせる手段の一つといえます。しかし、単純に計画を作成し従業員と共有しても、全社が一丸となるには不十分です。人間はそれぞれ考え方がバラバラなものです。多様性が新しい道を作り出すことは間違いありませんが、力の方向性を揃えることで大きな力を生むことも忘れてはいけません。個々人の得手不得手を補い合い、目標に向かって進むことが会社経営には求められるのです。

では、どうやって全社一丸となることができるのでしょうか。それには３つのポイントがあります。

◆ポイント1：全員が対等に発言できる風土
従業員同士が職位や立場に関係なく、対等に発言できる組織・風土
◆ポイント2：相互理解を促す人材
相手の立場に立って判断でき、全体を見ることができる人材が組織にいる
◆ポイント3：理念・ビジョンの浸透
事業の目的や意義を表す「経営理念」、経営目標や未来の姿を表す「企業ビジョン」、これらが明確になっていて、かつ従業員の間に浸透している

特にポイント3が重要です。

経営理念は会社の軸となるもので、経営の指針となるものです。そして企業ビジョンは会社がありたい姿を表しています。つまり、「経営理念」と「企業ビジョン」によって、従業員は向かうべき方向と目指すべき目標を見失わずに働けるのです。経営理念と企業ビジョンは、経営者が常に示す必要があります。全従業員が自ら考え、行動していくための判断基準を得ることによって、方向性を間違わずに各人が持てる個性を発揮できるというわけです。したがって、経営理念や企業ビジョンという価値観の共有・浸透は、強い会社

に不可欠な要素といえます。

〝会社〟とは水泳や陸上、格闘技のような個人競技ではなく、野球やサッカーのような団体競技なのです。たとえ個々人の能力が高くても、目標や考え方がバラバラでは最高のパフォーマンスは生まれません。チーム全員の心を一つにすることで高い目標にチャレンジすることができます。現経営者・後継者・従業員が会社の考え方を共有し、進むべき方向も理解していることで、全社一丸となって事業承継に取り組むことができるでしょう。

M&A 当事者インタビュー

譲り渡し企業の元代表取締役 A 様　その１

第三者への事業の引継ぎを考えるようになったきっかけを教えてください。

——娘が2人いるのですが、すでに自分の道を歩んでおり継ぐ意志はなく、甥っ子にも当たってみたのですが良い返事はもらえませんでした。経営を引き継ぐのは並大抵の覚悟ではできませんし、仕方ないかと思っておりました折、会社を手伝ってくれていた家族の体調が思わしくなくなってしまいました。今後一体どうしようとかなり焦っていたところ、たまたまダイレクトメールの中にあった引継ぎ支援センターへのＦＡＸ相談申込書が目にとまりました。

ＦＡＸを送付するにあたって、少し躊躇されるようなことはなかったでしょうか？

——いえ、家内と相談して「とにかくまず相談に行こう！」と。

悩みが沸点に達した時に相談申込書を見つけたときは大げさでなく運命のようなものを感じました。

M&Aにどのくらいの期間がかかると考えていましたか？

——相談時に、上宮さんから、「成約から引継ぎ終了までに3年くらいはみておいた方が良い」と言われたので、長くかかることはある程度覚悟していました。この秋くらいに引継ぎが終了しますが、実際ほぼ3年かかったことになります。やはりそれくらいかかるのだな、と実感しています。

概要	
会社所在都道府県	大阪府
主な事業内容	農業機械器具卸売業
設立年	1960 年代
資本金	10 百万円
M&A 直前の売上	450 百万円

M&Aにあたって会社の磨き上げを行いましたか?

――PRすべきネタがどれだけあるかどうかの洗い出しを行いました。そのうえで、どうすれば自分の会社の魅力を上手く伝えられるかをじっくり考えました。

また、これは普段から心がけていたことでしたが、僕がいなくても会社がまわっていく仕組みを構築することを意識しました。

お相手を見つけるまでに苦労はありましたか?

――最初は苦戦しましたが、仲介をしてくださったM&A専門業者の担当者の方が大変努力してくださったので、良い会社と巡り会えたのかと思います。担当者の方は技術についても勉強なさっていて、当社の技術やビジネスモデルを活かせるような相手先について、多方面の知見からいろいろ提案してくださいました。とても気配りのできる方で、彼が伴走してくれたことがとても心強かったです。

譲り受け企業に対して提示した「譲れない点」は何でしょうか?

――雇用の維持と取引先との関係継続はもちろんのこと、僕がこだわったのは「社名」なんです。僕もそうですが、従業員もとても愛着をもってくれていたので、残したかったのです。相手の企業さんが快諾してくれたときはホッとしました。

(P79インタビューその2へ続く)

コラム　サブマネージャー兼田の「引継ぎ支援の現場から」こころでする仕事

「そんなに覚えていられません！　不可能です！」
就任１カ月が経った頃、私はかん高い声をあげました。

事の発端は、上宮からの質問責めです。相談企業の支援の段階と状況は。M&A をする企業がどの登録機関といつ面談するのか。等々。答えられず反抗する私に、上宮は容赦ありませんでした。
「不可能な事なんかない！　即答できるようになれ！」
私はむくれて返事もしません。

当センターの相談者は、ほぼ後継者不在で悩む経営者です。年々増えているのが、悩んだ末に M&A を選ぶケース。当然、皆さん M&A は未経験です。しかし秘密保持のため家族にさえ相談できません。不安を抱え、当センターへ何度も電話する方もいます。お客様は、そういう方々なのです。

「あのな、この仕事は『こころでする仕事』なんや」
出張時の道すがら、上宮がぽつぽつと話してくれました。
「お客さんのことは、四六時中気にかけてなあかん。電話があって『どちらさんですか？』では済まされない。とっさにごまかしても、それは絶対相手さんに伝わるんやで」

『こころでする仕事』

電流が走る、衝撃的な一言でした。
上宮は続けます。「自分は、3 年前に面談したお客さんのこと、気にかけていたから全部覚えていた。そしたら心から感動してくれて、そこからまた支援を再開することが出来たんや。そんな例は山ほどある」

事業引継ぎの専門家として、上宮のくれた言葉は宝物です。事業承継や M&A の成否は、ノウハウに左右されると思っていました。もちろん、それも大切ですが、今では相談者を想う気持ち、『こころでする仕事』からすべてが始まると確信しています。

第3章

トラブルを未然に防ぐ親族内承継の進め方

～関係者の理解から相続まで～

1　関係者の理解

（1）親族内承継は自然な姿だった

私（1961年生まれ）くらいの世代の場合、同窓会に行くと事業承継をしている方がたくさんいます。サラリーマンよりも自営業や経営者の方が同窓会に集まってくれるということもあると思いますが、中学生の頃から親の家業を継ぐことが当たり前と考える時代でした。そして、実際に事業を承継しています。最近の事業承継は親族内承継が減ってしまい、時代が変わってきているというのを如実に感じます。大阪府事業引継ぎ支援センターへ相談に来た方に、後継者がいるかどうかを聞いて「長男がすでに会社に入っていて、彼に継いでもらおうと思っている」という返事をもらうと、私はとても安心します。この場合、「社長はやるべきことをきっちりやるだけです」と、すぐに答えることができ、基本的にはその人に継がせる方向でお話を聞きます。最近では7～8割の企業で親族が従業員として入っておらず承継に悩むなか、後継者が既に親族と決まっている場合、これから書くようなことを進めてもらうよう案内します。

(2) 関係者の理解を得るためのタイミング

関係者の理解としては、後継者を発表するタイミングが重要です。理想的なタイミングは事業承継計画が決まった段階で公表されるのが一番だと思います。例えば「５年後に創業〇周年を迎えるから、そこに向けて承継したい」と計画しておくと、周囲の応援も取り付けやすいうえに、従業員からも理解を得やすいでしょう。

特に創業者の方で注意しなければならないことが、「自分はこれまで必死で努力してきたから、後継者も必死でがんばればなんとかできるだろう」などと思ってしまうことです。事業承継を控えている中小企業のなかには創業社長も多いと思いますが、創業者というのはご自身が考えるよりもずっと周囲からの信用というものがあります。従業員は、全員創業者が採用し、育てられているケースが多く、創業者を親のように感じている方もいることでしょう。その信頼感というものは絶大なものがあります。

取引先や金融機関もすべて創業者が開拓し、親交を深めていますから、こうした外部の関係者に対しても、事業承継の際はしっかりと理解をしてもらわなければいけません。関係者の理解を取り付けてから後継者に引き継いであげないと、従業員が辞めてしまったり、顧客が離れていったり、支払い条件や回収条件が悪化したり、金融機関の融資審査が厳しくなったりすることがあります。

もちろん、創業社長でなくても、社長という存在は、これまで会社を引っ張ってきた実績がありますから、3代目、4代目に引き継ぐ場合も同様に、時間をかけて関係者の理解を得なければいけません。

2 後継者教育

(1) セミナーで〝社長仲間〟を作る

冒頭でも触れたように、後継者教育は非常に重要です。後継者教育は社長が直接されることが理想ですが、それ以外にも外部のセミナーなどを受けるという方法もあります。現在は経営者向けのセミナーがたくさんあります。そういうものを後継者に紹介するといいでしょう。私が経営コンサルタントとして独立した15年前に比べると、最近は圧倒的にセミナーの数も多く、公的な機関が開催しているものは非常に安価で受けることができます。

中小企業大学校が全国9カ所で行っている3日間コースの「経営力を高める生産性向上戦略」という講座を私は担当しています。1日7時間のセミナーを3日間も行うわけですから、受講料はかなり高価なのかと思いましたが、値段は3万1000円でした。宿泊も2000～3000円です。この3日間のコースの良いところは、受講生である経営者の方々が親交がはかれる点です。経営者というものは孤独なので、こういう親しい人間ができるということはとても大事です。相手が同業でも異業種でもそれは同様です。経営者は、景気のいい話であれば従業員に対してもできますが、悪い話や、自分が苦しい話はできません。そういう時に経営者同士の親しい関係というものはかけがえのない存在になります。

(2) 社長が直接伝えるべき「経営理念」

経営者教育でもっとも重要なのは、やはり経営理念です。これは社長がしっかりと伝えることが大切です。事業承継して経営が悪くなっている会社は、私の知る限り例外なく経営理念から外れていっています。私が経営戦略の策定について講演する場合、まずは経営理念についてじっくりと話します。ただ、そこで私が話すのは、あくまで経営理念というものの意味です。

例えば、経営理念は事業の目的や意義であるということ。戦略や戦術は時代によって変化しますが、経営理念は経営の軸であり絶対に変えてはいけないもの、迷った時に立ち返るためのものだということ。このように話します。こうした「経営理念」の意味は私でも教えられますが、それぞれの会社の経営理念や、創業者がどういう志で経営理念を作ったかということは、やはり現社長しか伝えることができません。

経営理念が重要ということを改めて感じたエピソードがあります。事業承継のイベントで、テレビコマーシャルもたくさんされている会社の女性社長の方が講演されていました。その女性社長の会社は、父親が会長という立場で会社に残っていたのですが、女性社長が何かしようとすると、すぐに会長室に呼んでダメ出しをしていたそうです。当然、女性社長は文句ばかり言う父親に反発していがみ合っていました。

しかし会社が何十周年かを迎える際に、社史を編纂することになり、女性社長は考え方を変えたのです。社史の編纂が進むにつれて、父親である先代が先々代からきちんと事業承継をしたにも関わらず本当に苦労されてきたこと、苦しい時期は経営理念に立ち返って全従業員一丸となって改革を進めてきたことを知りました。女性社長はその時に「会長がこうやって会社を守ってくれていたから、自分は社長をやっていられるのだ」と痛感されたそうです。

そして、自分がやることに口出しされるのは経営理念から外れるようなことをしていたからだということに気づきました。すぐに会長室へ行って、これまでの非礼を謝罪し、そして涙ながらに「これまで会社を守っていただいてありがとうございました」とお礼を言ったそうです。

よく「自分が変われば相手も変わる」と言いますが、会長はそれから女性社長のことをずっと応援してくれるようになって、経営状況の内容もどんどん良くなっていったそうです。この話のポイントは、経営理念を浸透させたり、後継者に伝えたりする手段として、会社の歴史とともに伝えることが効果的だということです。

それは、組織に所属している以上、その組織のことを知りたいと思うのは当然だからです。自分の会社が経営理念に基づいてどんな歴史を歩んできたのか、ストーリーとして語られることで、経営理念が実体として頭の中に入ってきます。

以前、私が経営計画の策定を支援していた会社で、経営方針発表会に出席してほしいと頼まれました。私はこういう場合、必ず社長に「歴史とともに経営理念について話してください」とお願いしています。経営方針発表会には、多くの従業員が集まるため、非常に経営理念を浸透させるよい機会です。やはり従業員というものは自社の歴史を聞きたいと考える人が多く、社長が歴史と経営理念を話す時、目の輝きが違います。経営理念に沿った経営方針、経営計画を実行していこうという雰囲気が作られます。

このように私は経営理念の浸透によく歴史をまとめて共有するという手法を取ります。ですから、社長が後継者教育をする場合は、ぜひ歴史とともに経営理念の大切さを伝えてもらいたいと思います。

事業承継とは、文字通り「事業」の承継であり、成功させるには経営理念の承継が要であると思います。

3　株式・財産の分配

(1) 後継者への株式の集中は〝絶対〟すべき

まず、事業承継する際は、必ず株式の過半数を社長が確保するべきということが重要です。「兄弟で半分ずつにする」といったことのないようにしなければいけません。過半数は当然ですが、３分の2以上の株式があれば重要なことが決議できます。また、M&Aのことを考えると、これは１００％株式譲渡が原理原則ですから、できたら親族内承継においても１００％社長に集中させることが望ましいです。事業承継について弁護士が講演すると、彼らは必ず過半数以上と言います。トラブルがあった場合、弁護士に相談が来ますから、過半数の株式がなければ何も太刀打ちできないと伝えているそうです。ですから、株式の確保は「できる限り過半数以上」ではなく「絶対過半数以上」と言い切っていいのかもしれません。

(2) 事業承継における相続トラブルの事例

親族内承継の場合は相続などで財産を渡すことができるので、比較的資産を集中させやすいといえます。

しかしこちらも早めに対策をしておかなければ無用なトラブルを起こしてしまう可能性があります。具体例を使って解説しましょう。

【図表３−１】のような話は非常によくあるケースです。Aは会長で、現経営者である

Bのお父さんです。名刺の肩書だけ見ると、事業承継は終わったように見えます。しかし、株式の過半数はAが所有しており、大事なことはすべて会長が決めてしまうという状態です。Bは遺言や贈与の話を言いだすことができなかったのですが、会社の将来のために株式の計画的な移転が必要と考え思い切って話すことにしました。するとAは「会社から出て行けということか」と怒り、第三者に譲渡すると言い出してしまいました。これに似たような相談を私も受けたことがあります。自社株式を譲渡したり、遺言を書いておかないと後のトラブルの原因になる、ということが理解できない社長でし

【図表3－1】事業承継トラブル事例　経営移譲が進まないケース

【ケース1】高齢の会長が実権を握り、社長への経営委譲が進まないケース

A：
X社の創業者で、現在は会長職。
85歳。
過半数の株式を有し、会長となった今でも経営の最終決定を行っている。

B：
Aの長男で、現在は社長職。60歳。
社長就任後10年程度経過したが、株式保有比率は10%程度。
経営権を委譲して欲しいと常々思っているが、なかなか言い出せずにいる。

●ある日、Bは意を決してメインバンクを訪れ、Aが保有する株式の計画的移転を促すための説明を依頼。ところが、逆にAは、Bとの経営方針対立等を理由に、会社売却の意向を示すという事態に陥ってしまった。

ポイント
・中小企業経営者が、長男を社長にしたにも関わらず、なかなか経営権を委譲しなかった事例。
・経営権の委譲は現経営者が行うべき。後継者から経営権の委譲について言い出すのは困難であり、言い出すことで、逆にトラブルが大きくなる場合もある。

出典：事業承継ガイドライン　20問20答（中小企業庁）

た。その社長は長男と次男がすでに会社におり、２人の仲も良好で、ゆくゆくは長男に継がせるということでした。話を聞くと、周囲の理解も得られており、いつ事業承継しても大丈夫という感じでした。

ただ、いくら話を聞いても株式の話が出ないので、私から「株式はどうするのですか」とたずねました。すると、「息子たちが何も言ってこないのだから、彼らも心配していないということだろう」と答えられたのです。私は「息子さんの方から『遺言を書いてくれ』とは言いにくいものですよ」とアドバイスしました。この社長はすぐに納得してくれて、身内が集まる席で株式を１００％長男に譲るという話をして、同じ内容の遺言も作ったそうです。その後の報告時に社長は、「遺言を書くと、そこに書かれていることが一つのゴールになるから、早期実現を目ざしたいという気になる」とおっしゃっていました。そして、それまでは数年社長を続ける気だったのが、来年には長男に譲って、会長としてサポートするという考えに変わったそうです。

このように、遺言を書くことで事業承継が進むというケースがあります。また、この社長が行った身内が集まる席で発表したということも重要なポイントです。遺言だけでなく、社長の生の考えを予め説明されることで、もめる可能性をさらに低下させることができます。

【図表３－２】で紹介されているのは株式が分散してしまったケースです。

登場人物は会社のオーナーであるEと、息子のF、それと以前会社にいたけれど現在は追放されているGです。オーナーであるEが遺言書を残さず急に亡くなってしまいました。後継者である長男Fは、事業用資産の集中をGに提案しますが、Gが拒否したため法定相続分で遺産分割したことによって資産が分散してしまいます。この資産のなかには会社が使っている土地や建物、会社への貸付金もありました。Gはこれ

【図表３－２】事業承継トラブル事例　資産の分割で揉めるケース

【ケース２】後継者に事業用資産の集中が出来なかったケース

E：
小売業、製造業等数社のオーナー。資産総額は十数億円（内訳は、現金の他、自社株式、事業用不動産、会社への貸付金等）。
F：
Eの長男。現在は代表取締役社長。
G：
Eの次男。以前、グループ会社の経営に従事していたが、バブル期に本業以外で多大な損失を発生させたために追放されている。

● Eが死亡して相続が発生。遺言書が作成されていなかったため遺産分割協議開始。

● Fは、Eの配偶者とともに事業用資産の全てを相続する案を作成して提示したが、Gはこれを拒否し、法定割合での相続を主張。結局、法定割合に基づき、事業用不動産の一部や会社への貸付金等をGに相続させざるを得なかった。

● 小売会社はGへ債務を返済したため資金繰りが逼迫。また、Gは事業用不動産を第三者へ売却する可能性を示しつつ、比較的高額での買取り要求を行う等したため、最近では他の事業にも悪影響が大きくなっている。

ポイント

・相続予定者の中に意思の疎通が図れない人物が存在していたにもかかわらず、十分な生前贈与や遺言の作成がなされなかったため、後継者に事業用資産の集中が出来なかった事例。

資料：事業承継ガイドライン　20問20答（中小企業庁）

らを第三者に売却しようとしているので、高額で買い取らなければならなくなった、というものです。遺留分というものがあるので、たとえ遺言に書いたとしてもFに資産を100％集中させることができるわけではありません。しかし、事業用資産はFと母親へ、Gへはそれ以外で報いるという遺言があれば、こうした事態は防げたでしょう。

ほぼ同様のケースを体験したことがあります。私が相談されたケースでは、急に亡くなった社長が所有していた株式が３人の娘と息子の４人に４分の１ずつ分散していました。社長の後継者となった長女の方が来られて、「弟と妹が３人で結託しており、彼らが新しい役員を入れようとしたり、会社の重要な方針に反対してきたりする」という相談をされました。

しかし、もう一度遺産分割協議にさかのぼって割合を変えることは事実上不可能です。したがって、買い戻しさせてほしいと交渉するしかありませんでした。その会社は無借金経営で、売上高経常利益率も７％とか８％という、非常にすばらしい経営をされている会社でした。しかし、２、３カ月ごとに月次の決算を持って相談に来られるのですが、みるみる赤字になっていきました。１年もすると無借金だった会社が借り入れしないと資金が回らないようになってしまいました。会社経営というものは、社長が経営に集中できないといけません。事業に集中していたからこそ無借金で優良な経営ができていたのです。兄弟間のゴタゴタで集中できないことが決算に表れたわけです。私は「社長さんだけでなく、4人で相談に来て下さい」と話しました。非上場企業なので、第三者に簡単に売れる株ではありませんが、実際に資産価値が下がっているわけです。弟さんたちがどんな考えかわかりませんが、例えばご自分の息子さんをその会社の役員にしたいと考えているなら、現状のままでは親族を受け入れる余裕もなくなってしまいます。こうしたことを話したいので連れてきてほしいと頼みました。

しかし、社長さんの答えは「そんな風に話して来てくれるような相手なら話し合いも進むんでしょうけどね」というもの。それでも粘り強く社長さんは説得されたそうです。結局どうなったかというと、説得が通じ無事に収まったようでした。しばらくして報告に来られた時、弟さんが考え方を変えたことを話してくれました。「会社が事業用に用意したが使っていない不動産があるから、株とその物件を交換してくれ」と言ってきたそうです。

やはり非上場の株式よりも何かあった時にすぐ現金化できる資産に変えた方がいいと思ったのでしょう。妹の方も株式を買い取ってほしいと言ってきているということでした。

このケースでは、結果的に株はうまく買い戻せました。しかし、一度赤字になった会社を再生させることは非常に大変でしょうし、トラブルに費やした時間は無駄な時間でしかありません。このケースでも、遺言さえ書いてあれば姉弟4人で均等に株式を分ける事態など防げたかもしれません。社長さんが言うには、やはり前社長が急逝されてしまったので、こんなことになったそうです。遺言による資産の対策は元気なうちにしっかりやらないといけないということです。

(3) 後継者への生前贈与について

資産を後継者へ集中させる方法としては、生前贈与というものがあります。【図表3－3】は後継者へ資産を集中させる方法のひとつ、生前贈与についてまとめています。

贈与にかかる税金は高いため、よく暦年課税制度というものが利用されています。この制度では110万円の贈与税の控除がありますから、毎年120万ずつくらい後継者へ資産を渡すことができます。これで10年間に1200万円贈与することができます（毎年10万円には贈与税がかかります）。

このほかには相続時精算課税制度というものがあります。これは2500万円の特別控除などと、一見いいことが書いてあるように見えます。

しかし、この制度は相続時において、贈与時の財産評価が相続税の課税対象となることから、贈与された時点にさかのぼって税金を計算しなおすため、相続時の資産は小さいのに、高額な税金がかかり支払えなくなってしまう可能性があります。

生前贈与・相続についてのトピックスとしては、新事業承継税制において、「納税猶予制度」の活用要件緩和がされており、興味をお持ちの経営者も多いかと思います。この制度は後継者が自社株を贈与あるいは相続、遺贈などによって取得する際、一定の条件を満たしていれば贈与税・相続税の納税が猶予されるというものです。換金できない中小企業の自社株を相続することに税金が課されることは、後継者にとって大きな負担となるため、事業承継を促進

【図表3－3】後継者への生前贈与

遺留分等民法上の問題
生前贈与で分け与えた財産については、他の相続人の遺留分による制約を受けるため、財産分配方針を決定した上で計画的に行うことが必要。
暦年課税制度
歴年毎にその年中に贈与された価額の合計に対して贈与税を課税。110万円の基礎控除があるが、税率は10%～55%の累進税率。
相続時精算課税制度
将来相続関係に入る親・祖父母から子・孫への贈与について、選択制により、贈与時に軽減された贈与税を納付し、相続時に相続税で精算する制度。2,500万円の特別控除があり、それを超えた額については一律20%の税率を適用。

できると期待されています。

ただ、あくまで「猶予」でしかなく、報告を怠って納税猶予が打ち切りになった場合など、何か不備があった時は猶予されていた税額と利子税を納付する必要がある等、リスクも指摘されており、自社の状況や将来の見通しなども十分考慮する必要があるでしょう。「税金を支払わなくていい夢のような制度」というわけではないため、資金に余裕があるのであれば、税金を支払って承継すべきだという専門家もいます。そういう意味で、税金優遇策というよりは、事業承継にあたって税金がネックになっている企業の承継を進みやすくするための制度ともいえます。

M&Aを選択すればこうした税金のことは考えなくていい、と考える社長さんもいます。どんな制度にもメリットとデメリットがあります。特にこうした特殊な制度を利用する場合、必ず経験豊かな顧問税理士などに相談されて、様々なシミュレーションをすることが重要です。

(4) 遺言の注意点

本章の「3　株式・財産の分配」の「(2)事業承継における相続トラブルの事例」で見

てきたように、遺言は非常に重要です。【図表3－4】は遺言の種類と注意すべき点をまとめています。遺言の目的を考えれば絶対に自筆証書遺言は避けるべきです。専門家のチェックやアドバイスを受けて作成できる方法を選びましょう。費用はかかりますが、信頼性の高い遺言ができます。参考までに、【図表3－5】が公証人手数料の基準になります。【図表3－5】にある手数料を基準として、遺言加算や公証人が赴く場合の加算、公証人の交通費などが合算されます。遺言信託の場合は、信託銀行によって様々なプランが用意されていますが、100万円程度の取扱手数料のほか、年間保管料、遺言書の書き換えが生じた場合の手数料、遺言執行時の報酬などがかかります。手間や費用を惜しんで自筆遺言で済まそうとすると、形式の不備などがあってトラブルの原因になってしまいます。無用なトラブルを避けるためにも、遺言は法的根拠に則ったものを早めに用意していただきたいと思います。

【図表３－４】遺言の種類と注意点

自筆証書遺言
遺言作成者が全文を自筆で作成。手間や費用はかからないが、形式不備での無効や、偽造・紛失のおそれがある。
公正証書遺言
公証人という専門家や２名の証人が作成に関与する遺言。手間やコストがかかるが、無効となる可能性が低く、信頼性が高い。
遺言信託
主に信託銀行が取り扱う業務で、遺言作成・保管・執行に関与。コストは高いが、遺言内容の確実な実現が期待できる。

【図表３－５】公証人手数料令に定められている手数料

目的の価額	手数料
100万円以下	5000円
100万円を超え200万円以下	7000円
200万円を超え500万円以下	1万1000円
500万円を超え1000万円以下	1万7000円
1000万円を超え3000万円以下	2万3000円
3000万円を超え5000万円以下	2万9000円
5000万円を超え1億円以下	4万3000円
1億円を超え3億円以下	4万3000円に超過額5000万円までごとに1万3000円を加算した額
3億円を超え10億円以下	9万5000円に超過額5000万円までごとに1万1000円を加算した額
10億円を超える場合	24万9000円に超過額5000万円までごとに8000円を加算した額

4　親族内承継の具体例

(1) 相談企業の概要と支援までの経緯

金融機関からの紹介で大阪府事業引継ぎ支援センターに相談があった親族内承継の事例をご紹介します。
相談があった会社の概要は、表のとおりです。

現経営者の年齢が74歳と高齢で、早く後継者を決定して関係者（従業員や取引先）の理解を得ていく必要がありました。法定相続人は妻、長男、長女の3人です。大阪府事業引継ぎ支援センターが支援にいたった経緯としては、まず金融機関（紹介元とは別）がこの企業の株価を7000万円と評価したことにありました。思わぬ高額に現社長が取引のある別の金融機関（紹介元）に相談したところ、大阪府事業引継ぎ支援センターに支援要請をしたという流れです。話を聞くと、

■会社概要

業種	印刷業
設立	41期目
売上高	2億5100万円
経常利益	1200万円
資本金	1000万円
従業員数	18名

まず社長の実弟に承継し、その後長男（41歳）への承継をするつもりということでした。そこで、株式集中のために暦年贈与や退職金受け渡し時に多く譲渡すること、遺言で残りを渡していくという方法をお話ししました。

ところが、当初承継を考えていた実弟が病気になってしまい承継が難しくなります。そこで長男に円滑な事業承継をするために「経営の承継」「経営者の承継」「資産の承継」への対策をタイムスケジュール化する必要が生じました。事業承継計画の作成を支援することになり、まずは相続税をざっくりと計算し、納税資金や資金繰りを考慮した上で退職金額を決定しました。

(2) この企業が抱えていた課題と解決策

現社長が高齢ということもありますが、何より大きな課題だと感じたのが営業体制でした。主要顧客の大部分は病気になった実弟が担当していたのです。営業体制の改革が必要であり、「経営の承継」には営業力の強化が不可欠でした。

そこで、以下を織り込んだ経営計画を作成支援しました。

①製品の高品質化及び変化への対応
②組織営業体制構築による他領域の新規開拓と既存先深耕等の計画作り
③具体的行動計画として、営業責任者の育成、経理人材採用、工程管理者の採用、単能工の多能工化を計画的に実行していくこと

計画実現のために、工程管理（見直しを含む）の見える化、営業プロセスの管理（再現性の向上）、営業ツールの作成、顧客分析（他業界含む）表の作成を支援しました。後継者候補である長男は、まじめな性格の方で、後継者として問題ないと思われました。ところが、後継者を指名し、後継者教育をしていこうという段階で、にわかに長女の夫が候補としてあがりました。長女の夫は、もともと長男と同じくらいのポジションにいた方で、「社長が引退するようなら自分に経営をやらせてください」と、経営に積極的な姿勢を見せたそうです。結局、現社長は長女の夫を後継者に指名しました。

その後、事業承継計画が完成し、営業部門、管理部門の人材も強化されました。当センターの支援はこの段階までですが、現在長女の夫に事業承継すべく計画が進行中で、時々報告もいただいています。

(3) この事例のまとめ

株価の評価が高額だったということから始まった話ですが、実弟の病気を契機に営業体制の見直しなど企業の磨き上げを行うことになり、後継者についても多少の紆余曲折がありました。「親族内承継をする」と決めている企業でも、状況によって後継者候補が二転三転することは十分に考えられます。

後継者を誰にするかというのは経営者の判断ですから、「長男にしなければいけない」というようなルールはありません。実際、この事例では特に揉めるようなこともなく長女の夫が後継者候補としてがんばっています。後継者候補を選ぶ際に注意しなければいけないことは、「多面的に見なければならない」ということです。本人のやる気や能力はもちろん大事です。しかし、関係者に理解が得られるか、体力面や健康面で不安はないか、経営に対する考え方はどうかなど、色々な角度で見ることも忘れてはいけません。

ただ、あまり後継者選びに慎重すぎると〝お家騒動〟のもとになる可能性もありますので、一度決断したら覚悟を決めることも重要です。事例で挙げたような長女の夫が後継者候補になることは珍しくありません。しかし、この場合は「長女と離婚する可能性」にも考慮する必要があるでしょう。例えば、長女の夫に社長は任せるが、株式は長女に譲るという選択もあります。

事業承継において、経営者は「〇〇であるべきだ」とか「どうせ〇〇だろう」と決めつけていることが多々あります。意識して広い視野を持つようにしてください。

M&A当事者インタビュー

譲り渡し企業の元代表取締役A様　その2

譲り受け企業との付き合い方や従業員への秘密保持などで気を付けた点はありますか？

――相手先も歴史がある会社で社風も似ていると感じましたので、自然にコミュニケーションをとることができました。従業員への秘密保持は徹底しましたので、クロージング後に開示した時は本当に驚かれました。

ただ、現在僕は週3回出社して引継ぎ業務を行っていますが、僕がいない時間が増えてくることも、みんなすっかり慣れてしまって。これまで以上に頑張ってくれています。

公的支援を受けてみていかがでしたか？

――上宮さんに相談をすることで、気持ちの整理がついたのが良かったです。会社の譲渡や家族の病気のことなど誰にでも相談できることではないですから親身になっていただけてとても気持ちが楽になりました。

また、M&A専門業者の皆様と引き合わせていただいたのも有難かった。自分だけで動くのは不安ですが、公的機関がバックアップしてくれることによる安心感がありました。

今回の経験を踏まえて、第三者への会社の譲渡を考えている方々へメッセージをお願いします。

――現在僕は60半ばで、知り合いの社長から「早く決断したなぁ」と驚かれます。ただ、若いからこそ残りの人生、次に何をするか目標を持つことができます。

実は、自分だけでするスモールビジネスに関心があり、これまでの自分の経験を活かしてみたいと夢を膨らませているんです。

会社の譲渡に至るまでにはいろんな事情があるでしょうし、会社に人生を捧げるのもひとつの生き方かもしれません。しかし、僕のように早く動くことによって、ある程度の余裕をもって引継ぎができますし、その後の第二の人生設計を描きやすいということを知っていただきたいと思います。

第4章

ホントに後継者がいませんか？
従業員承継という選択

1　関係者の理解

（1）従業員承継は後継者を決められないパターンが多い

【図表4－1】は現在の経営者と先代経営者の関係をグラフ化したものです。在任期間の長い経営者ほど、先代経営者の親族であることがわかります。つまり、昔は親族内承継が主流だったということです。近年、事業承継の形態で多くを占めるのは親族外承継（従業員等への承継・M&A）で、全体の6～7割になっています。

ただ、将来的にオーナーの親族に承継させるための中継ぎとして従業員に承継してもらうというケースや、従業員でなく取引先の企業や金融機関から後継者を招くこともあります。

また、自分とまったく正反対な性格の従業員を後継者に指名し、現状維持からの脱却を図る〝攻めの承継〟をされる経営者もいます。大きな変革を伴う事業承継だと、後継者の方が苦労されるかもしれません。しかし、実際に時代の流れに合わせて優秀な人材を後継者に選ぶという英断を下し、事業改革を成功させた企業も存在します。

とはいえ、M&Aではなく従業員を後継者に選ぶ経営者の多くは、親族内承継ができないため、とりあえず従業員を後継者にしたという方が多いです。後継者を決めたものの、その後をどうするのか先送りにしてしまい、状況がズルズルと悪くなっていくという状況下で大阪府事業引継ぎ支援センターへ相談に来られる方も多いのです。

まずは具体例で見てみましょう。

【図表４－２】のケースは後継者が決まらないまま先送りしてしまった典型例です。後継者がいない状況に対策を打たないまま経営者の体調が悪くなってしまっています。こうなると経営に不安な気持ちが影響してしまい、必ず決算書に反映されます。まさに負のスパイラルに陥ってしまいます。

【図表４－１】経営者の在任期間別の現経営者と先代経営者との関係

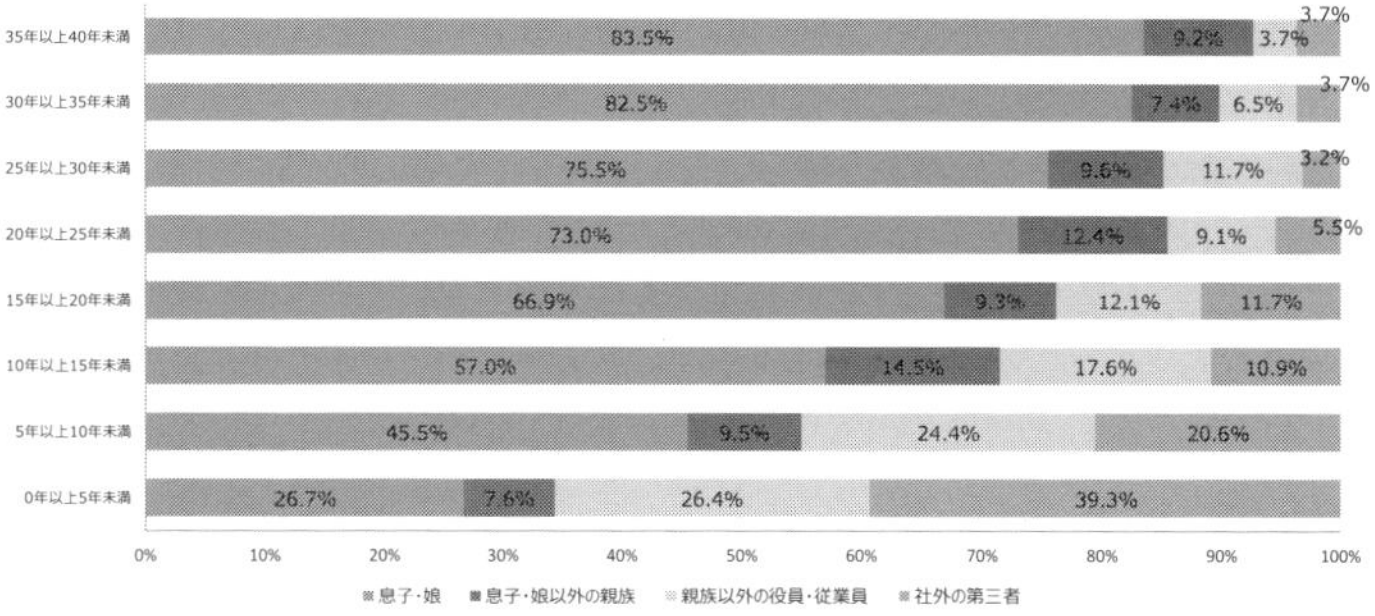

出典：中小企業庁委託「中小企業の資金調達に関する調査」（2015年12月、みずほ総合研究所（株））再編・加工

(2) まずは方針の決定から

このような後継者が決まらない社長がよく相談に来ます。その場合、M&Aを考えないなら、必ず方針を決めてもらうことから始めます。方針を決めて行動しないと手遅れになってしまいます。例えば、後継者が決まらないまま社長が高齢になってしまうと、当然後継者候補になり得る従業員も高齢になってきてしまいます。社長は後継者がいなければ会社を辞められませんが、従業員は定年になれば辞めていくのです。成り行きに任せていては事態が悪化し、経営もうまく行きません。実際に方針をきちっと決めて事業承継

【図表4－2】事業承継トラブル事例
準備を先送りのツケが回ってきたケース

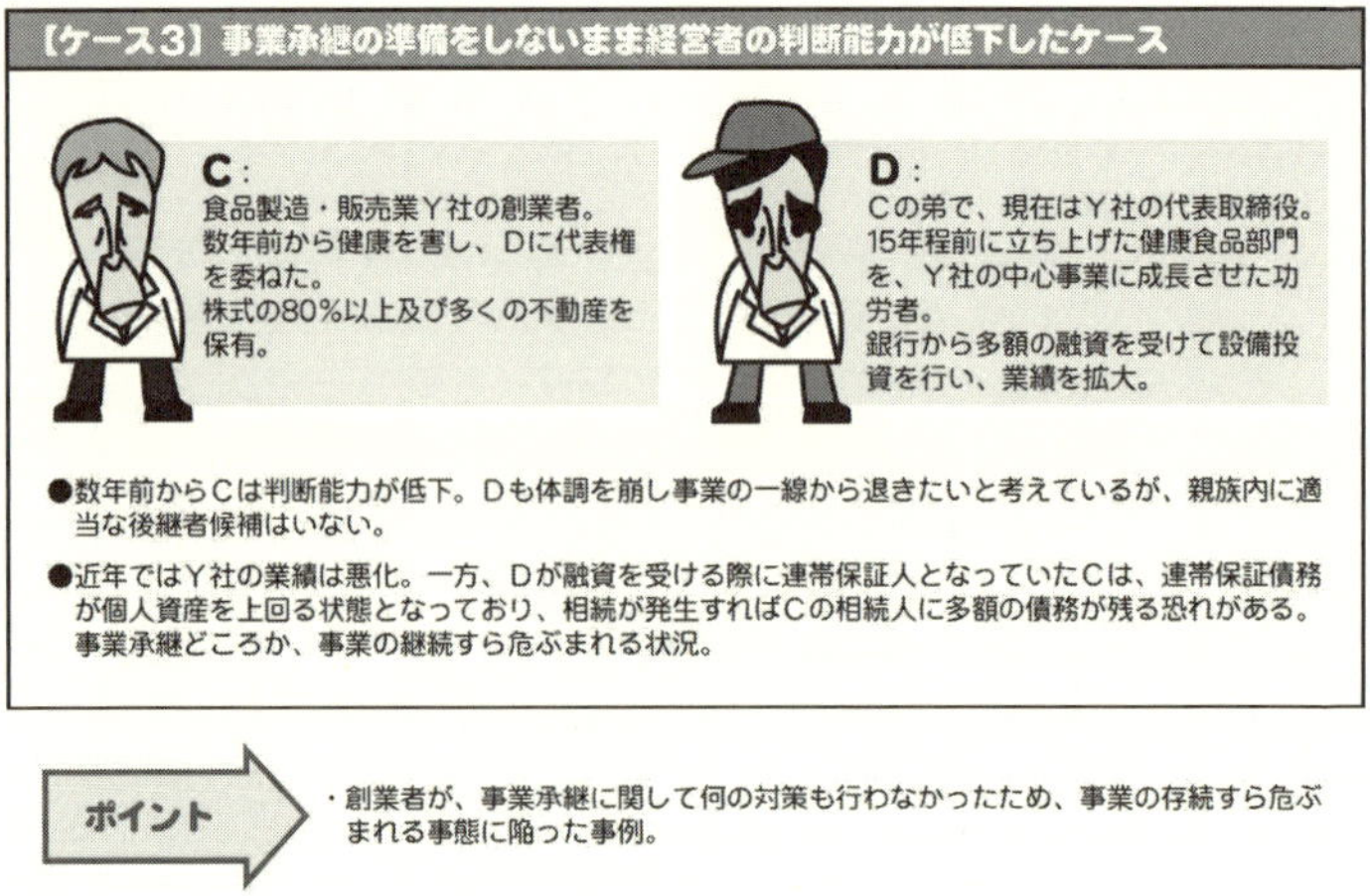
【ケース3】事業承継の準備をしないまま経営者の判断能力が低下したケース
C：
食品製造・販売業Y社の創業者。
数年前から健康を害し、Dに代表権を委ねた。
株式の80%以上及び多くの不動産を保有。
D：
Cの弟で、現在はY社の代表取締役。
15年程前に立ち上げた健康食品部門を、Y社の中心事業に成長させた功労者。
銀行から多額の融資を受けて設備投資を行い、業績を拡大。
●数年前からCは判断能力が低下。Dも体調を崩し事業の一線から退きたいと考えているが、親族内に適当な後継者候補はいない。
●近年ではY社の業績は悪化。一方、Dが融資を受ける際に連帯保証人となっていたCは、連帯保証債務が個人資産を上回る状態となっており、相続が発生すればCの相続人に多額の債務が残る恐れがある。事業承継どころか、事業の継続すら危ぶまれる状況。
ポイント
・創業者が、事業承継に関して何の対策も行わなかったため、事業の存続すら危ぶまれる事態に陥った事例。

出典：事業承継ガイドライン　20問20答（中小企業庁）

を進めている方と、迷ってばかりいる方がいると、時間が経つにつれてはっきりと差が出てきてしまいます。方針を決めている社長は、目標に向けて進むだけです。後継者により良い状態で会社を渡したいという意識も高まるので、決算書の数字にも良い影響が表れます。

例えば、「後継者のためにも会社の借金額を月商２、３カ月くらいまで圧縮したい」と言っていた社長が、無借金経営の見通しがつきましたと報告してくれたことがあります。決算書を見せてもらうと、利益率も上がっていて、会社の状態がメキメキと良くなっている様子がわかりました。反対に方針が定まらないパターンとして、例えば最初は親族内承継で行くと言っていたのに、後からM&Aも検討させてほしいと言うケースの会社で、この場合決算書が悪化していることが多いです。

また、事業承継方針の決定を先送りにしたため、成り行きで経営してしまうと経営状態が悪化して承継が困難になります。すると焦ってきてまた相談に来るということを繰り返されます。

【図表４－２】の例でも、資産より借り入れの方が多くなってしまっていますが、この一番の原因は方針が定まっていないからだと思います。経営者の不安は決算書に表れます。そうして状況がどんどん悪化していってしまうのです。

(3) 社長の本心を聞いてみる

後継者がいない、と言って来る社長でも、話を引き出すべく傾聴してさしあげれば実は意見を持たれていることが多いです。

実際にあったケースとして、私が「会社の状況や人間関係などは別にして、社長のなかで何かお考えはないのですか」と聞いたところ、ちゃんと腹案を持っていたケースがあります。その時の社長の考えは次のようなものでした。「本来なら番頭格の者に継いでもらうのが筋だと思うが、彼は社内の信頼という点で不安がある。しかし、かなり若いがしっかり育てたらみどころがある者がいるので、もし彼に任せられるなら、という思いがある」

このように、ちゃんと考えておられるのです。私は「それなら候補者と思われている本人にまず確認してみましょう。もし断られたら、次の手を考えていけばいいと思います」とアドバイスしました。社長としては、こういうことを実際に話したら番頭格の社員が辞めてしまうのではないか、社員の間に無用の溝を作ってしまわないか、といった不安があったのかもしれませんが、まずは思ったことを進めてみることです。先送りにしてしまうことがもっとも悪いということは事業承継の鉄則です。私はこれまで先送りして状態が悪くなってしまった会社の例をたくさん見てきましたので、これはなんとしても避けてもらいたいと思います。私は「後継者がいない」と悩む社長がいたら、背中を押してあげることを心がけています。本当に候補がまったくいないのか、それとも誰にも言えないだけで、実は頭の中に思い描いている人物がいるのか、実際に確認して背中を押してあげると、意外と「それなら進めてみようかな」という気になってくださる社長が多いです。

(4) 親族内承継よりも関係者の理解は得られにくい

従業員承継の場合、親族に承継するよりも従業員や取引先、金融機関の理解を得ることが難しいケースがほとんどです。さらに、オーナー経営者の親族などの意向も確認する必要があります。したがって、親族内承継以上に早くから取り組む必要があります。関係者の理解に苦労した例として、実際にあった私の顧問先の事例を紹介します。その会社は番頭格の方が社長とほぼ同い年で、後継者が決まらないまま社長が70歳になってしまいました。当然、番頭格の方は後継者候補になりません。

そこで、まだ50歳手前の営業部長が事業承継することになりました。彼は能力も高く、部下からの信頼も厚い方でした。また社長も目をかけ、積極的に学習する姿勢もあるので後継者にはぴったりです。

ところが、彼が後継者になるという話を社長が発表したところ、営業課長とチーフが辞表を提出してきたのです。辞める理由は、彼が営業部長として自分たちに指示を出してくるのは構わないが、トップとして指示を受けるのは嫌だということでした。そして営業課長とチーフの方は実際に辞めてしまいました。関係者の心情や理解というものは目に見えない部分ですから、こういったことが起こり得る可能性も十分にあります。営業部長の彼が社長になってからこんなことを話してくれました。「2人が辞めていってしまったことは仕方ないと思います。自分の力が至らなかったからだと納得できます。もちろん、悔しくないわけではないですが、信頼されていなかったという事実に変わりはありません。また金融機関も、社長交代時の融資申請時には、たくさんの書類を要求してきました。経営が大丈夫かどうか、チェックされたのです。これも自分が頼りないからです。

ただ、一点だけ納得できないことがあります。これまで当社と40年以上取引がある仕入先の2社が、現金払いにしろと言ってきました。つまり支払い条件を変えろと。それは違うんじゃないかと思いました。取引関係というものは会社対会社です。私個人とその2社の取引ではありません。40年の取引関係を尊重してもらえなかったのかと、とても悔しかったです」

彼の言うことも十分理解できます。しかし、やはり従業員承継の場合はそういうことも起こり得るのです。だから早めに取り掛かって、あらゆる対策をすることが重要なのです。ちなみにこの会社は、事業承継の前に社長が各所を回って了解を取り付けていたのですが、それでも結果的に取引条件の見直しを求めるような会社が出てきてしまいました。

2　後継者教育

後継者教育は、親族内承継の場合とは違って、より丁寧に教育する必要があります。例えば社長の子息であれば、子供の頃から社長の背中を見て育っています。したがって「経営者はこういう心構えでないといけないんだな」と、感覚でわかってもらえる面があります。実際に、親族内承継で後継者になった若い社長に話を聞くと、「父親はほとんど家に帰らず働き詰めだった。自分はとてもあそこまでできない」と話すケースが非常に多いです。

ただ、自分は先代のようにできないと話しますが、そういう姿をずっと見てきているということが、経営者としての在り方とは、という教育になっているわけです。

一方、従業員承継だと、親子関係のような時間がないので、親族内承継の時よりも社長は意識的にたくさんの時間を使って教育する必要があります。経営者というものの考え方や経営理念を、会社の歴史とともにじっくりと話してください。もちろん、社外の研修などを受けてもらうことも重要です。しかし、後継者にしたいと思えるほど優秀な方であれば、きちんとした後継者教育によって、自社事業をさらに発展させてくれることでしょう。

3　株式・財産の分配と個人保証・担保の処理

遺留分の関係もあり、従業員等への承継の場合は遺贈によってたくさんの財産を渡せません。したがって後継者による株式や事業資産の買い取り資金、金融機関などに対する連帯保証の問題が出てきます。企業の株価が高い場合、株式の買い取り資金は当然高額になります。それでは逆に株価が二束三文であれば後継者にとって都合がいいのかというと、そうとも言い切れません。なぜなら株価がつかないような企業の場合、今度は借入金が多いので、連帯保証の負担が発生するからです。本章の「1　関係者の理解」の「(4) 親族内承継よりも関係者の理解は得られにくい」（87ページ）で紹介した会社の事例を使って再び解説いたします。

この会社は売上が40億円くらいの繊維卸売業でした。糸から完成品まで作ってしまうことが強みでもあるのですが、事業の特性として資金が1年くらい寝てしまいます。40億円の売上に対して、常時運転資金として10億円とか13億円くらいの借り入れが必要でした。したがって、非常に連帯保証の負担が大きかったのです。後継者となった営業部長は、社長から指名された後の1年くらいは承諾の返事をしませんでした。どうしてなかなか承諾しなかったのか、私は彼が社長になってから聞いてみました。すると、ご本人は会社を継ぐことにまったく迷いがなかったそうです。また、彼は次男だったのですが、実家も会社を経営されていて、父親と兄も彼のことを応援してくれました。ただ、彼の義父と義兄、つまり配偶者のお父さんとお兄さんがとても心配されて、なかなか返事ができなかったというのです。義父と義兄は「厳しい時代にあっていつ潰れるかわからない中小企業の連帯保証というのはどうか」ということを懸念されていたそうです。この説得に1年くらいかかりました。なんとか2人に納得してもらって、「どんなことがあっても離婚するな」と言われて決着がついたのだとか。このように、連帯保証を心配されるケースは珍しくないでしょう。ですから後継者がご家族を説得する時間も考えて早く行動することが必要なのです。借入金の金額が大きければ、当然保証の負担も大きくなります。現在、この会社は中長期的計画で、利益率の高い取引先に切り替えて、少々売上を落としてでも利益を優先し、早く借入金を返済する方針を取っています。その結果4億円くらいまで借入金を圧縮できて、社長は「現在はあまり負担がありません」と話しています。しかし、やはり一般の方からすると4億円でも大きな借入額です。

こうした対策についても、早めに取り掛かれる方が良いことは間違いありません。したがって、連帯保証対策という点からも、事業承継に悩む経営者は早く話を進めていく必要があるといえるでしょう。

４　資金繰りについて

現経営者の役員退職金受給に伴い運転資金が不足するということはよくあるケースです。したがって、承継後の資金繰りを把握し資金調達の準備をしておく必要があります。

また、株式買取り資金のことも忘れてはいけません。そこで、資金調達方法として日本政策金融公庫の「事業承継・集約・活性化支援資金」が活用できます。メインバンクに運転資金の補填と、株式の買い取り資金を同時に頼んでも渋られてしまうケースは珍しくありません。そこで、私がアドバイスしている手法が「協調融資」です。

例えば、株式の買い取り資金は日本政策金融公庫に、運転資金の補填はメインバンクに融資してもらいます。比較的利用しやすい上、決済もスムーズです。もちろん、早い段階からしっかりと資金繰り対策を行い、融資に頼らない事業承継を目指すことができることが一番ではあります。

ちなみに、日本政策金融公庫とメインバンクを利用する協調融資は、資金調達力に不安があるＭ＆Ａの譲受企業にも使ってもらうことがある手法になります。

くどいようですが従業員等への承継は親族内承継よりもいろいろな面で負担もあり、その一つひとつに対策を打たなければいけません。親族に後継者がいない場合、ここで紹介したような対策を着実にこなしていくためにも早めの方針決定が求められるのです。

5　従業員等への承継の具体例

(1) 相談企業の概要と支援までの経緯

従業員等への承継の具体的な事例をご紹介します。

現社長は70歳で、親族の後継者候補が見つからなかったため、従業員を後継者に指名しました。そして、後継者となった従業員と、その配偶者が「事業承継について教えてほしい」とセンターに相談してきたというのが支援の経緯になります。この会社は、経常利益率11・6％と収益性が高く、自己資本比率も74・3％、現預金は月商の4・1カ月と潤沢にあり、財政状態も大変健全でした。借入金はなく、連帯保証加入の心配もありません。純資産額が約５０００万円だったので、後継者は株式の買取資金調達の必要がありました。そこで日本政策金融公庫の事業承継融資を紹介しました。株価を引き下げるために行われる現社長への退職金を多く渡す手法は、手元流動性がなくなり法人での資金調達の必要性が発生するので効果がありません。できる限り現社長のお客様を引継ぎ、優れた経営成績を継続できるように後継者としての経営計画を作成し実行・検証していく必要がある点を助言しました。

■会社概要

業種	店舗什器やPOP広告等の企画・デザイン・制作・製造
設立	25期
売上高	9000万円
経常利益	1000万円
資本金	1000万円
従業員数	４名

(2) 具体的に行った支援

行った支援は大きく分けて次の５つです。

Ⅰ　経営者の承継のための支援：現社長夫婦と、後継者夫婦双方と面談し、考え方や方向性の整理・調整をしました。具体的には、譲渡価格評価、資金繰り・資金調達、株式譲渡契約書作成等の支援（定款変更、取締役改選の臨時株主総会議事録・代取選定の取締役議事録・辞任・就任届け、商業登記に必要な書類の確認）などです。

Ⅱ　株式譲渡価格決定のための支援：現社長と配偶者が退職金受け取り後の時価相当額で譲渡することとしました。

Ⅲ　日本政策金融公庫の事業承継融資による株式買取資金の資金調達支援：後継者の申請が決済され、株式を買い取りました。

Ⅳ　現経営者の退職金支払い後の手元資金不足のため、資金調達支援：現社長に退職金を支払うと手元流動性資金が月商の1カ月を切り、危険な状態が予想されたため、日本政策金融公庫へ③の株式買取資金と同時に不足する運転資金の融資を申し込みました。

Ⅴ　経営計画の作成支援：「営業の強化・利用者ニーズの把握」と「コスト管理と削減」

の２本柱で作成しました。

(3) この事例のまとめ

ポイントは、現社長とその配偶者および後継者とその配偶者の双方と面談できたことだと思います。これによって双方の考え方や方向性がうまく整理・調整でき、円滑に話し合いが進みました。従業員等への承継においては、後継者の家族の理解も非常に重要です。

また、現社長が退職金を受け取った後の資金繰りについて緻密に把握してくれていたことも助かりました。これによって早い段階から日本政策金融公庫に事業承継融資（株式買取資金）と合わせて運転資金調達の相談をすることができたのです。円滑な資金調達あっての円滑な事業承継だったといえるでしょう。

この会社は現在、後継者が事業を承継し、作成された経営計画である「営業の強化・利用者ニーズの把握」と「コスト管理と削減」を実行中です。

コラム　サブマネージャー兼田の「引継ぎ支援の現場から」
こころのクロージング　その１

M&A 専門会社の方から聞かれることがあります。「大阪のセンターはどうやってお客さんの真意を引き出しているの？」後継者選びや会社譲渡はデリケートな話題です。M&Aのプロでも、最初から相談者の本音を引き出すのは困難です。

さて、センターの責任者である上宮は、焼酎をこよなく愛し（体調も考えて、少し控えてほしいですが……）、飲むと上機嫌になり相槌を打つ間もないほど話します。

一方、仕事中、特に面談中は、愛想笑いもせずほとんど話しません。面談開始時は、こう口火を切ります。

「○○社長、後継者はお決まりですか？」

世間話や天候の話といったアイスブレークは一切なし。なんと無愛想な上司かと最初は驚きました。

「お客様の話をとことん聞く、黙って聞く。支援者として話したいことがあっても我慢するくらいでないとあかん」

これが上宮の持論です。

「『呼吸』という言葉も、吐いてから吸うという意味。その順序で、まずはお客様の不安や悩みを吐き出してもらわないと何も始まれへん。事業引継ぎの仕事にあって、引き出すべき情報は山ほどある。にもかかわらず、面談した部下に必要情報を確認しても、ほとんど未確認。それは、助言と称して自己満足的に、話したいことを話し続けているからなんやで」

ありがたくも耳の痛い言葉です。

当センターでは、申込みをいただくと専門家から電話をして、１時間程度の面談の機会を頂戴しています。そのなかで真摯な傾聴によって相談者の本音に近づいていく、それが冒頭の質問の答えです。

上宮にアイスブレークがないのも、〝ど〟がつく真剣さゆえなのです。（P142 その２につづく）

第5章

中小企業のM&Aスキーム

～タイミングや留意点を知る～

1　M&Aに対する理解

(1) 大阪府事業引継ぎ支援センターの対応について

　ここからは第三者への承継、いわゆるM&Aについて解説いたします。大阪府事業引継ぎ支援センターの支援スキームは【図表5－1】のようになります。

　まずは1次対応として事業承継に関する相談に来てくれた社長におよそ1～2時間でヒアリングを行います。金融機関や「よろず支援拠点」から紹介を受けて来る社長や、私が講演したセミナーを聞いて相談に来てくれた社長、金融機関の担当者と一緒に来る社長など、きっかけは

【図表5－1】大阪府事業引継ぎ支援センターの支援内容

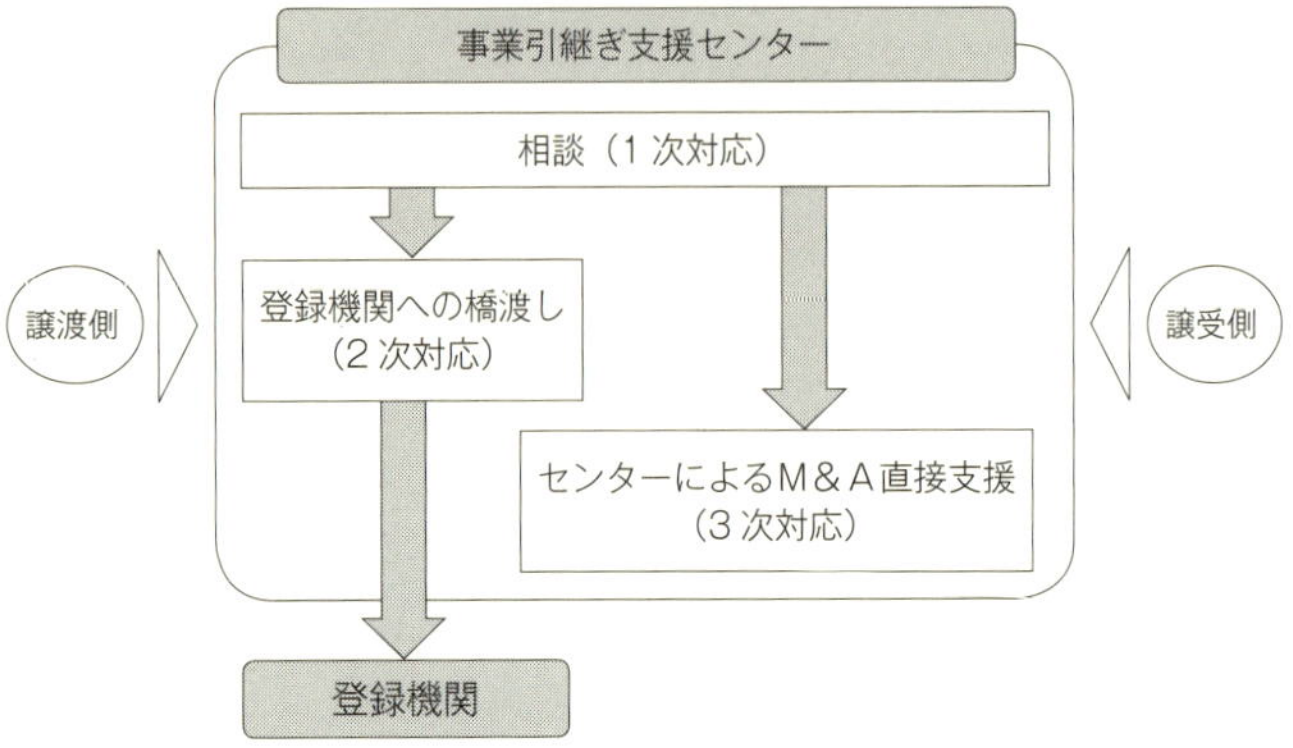

様々です。

大阪府事業引継ぎ支援センターは金融機関との連携を深めており、定期的に連絡会議を行っています。そのなかで、当センターはＭ＆Ａだけでなく事業承継の相談も行っているという情報が共有され、「自分たちの地域でも事業承継を進めないといけないいな」と考えて頂いた金融機関が社長を連れてきてくださるのです。

１次対応では、３つの承継（親族内承継・従業員等への承継・Ｍ＆Ａ）のうち、どれが適しているかをヒアリングします。社長の中には最初からＭ＆Ａを望んでいる人もいれば、どうすればいいのか迷っていていてとにかく相談をしたいという人もいます。親族が社内にいるのであれば、基本的にその人に継がせる方向で話すことが多いです。ただ、親族が社内にいても「経営はしたくない」という方もいるので、しっかりと社長に確認してもらいます。

親族内承継や従業員等への承継であれば、第２章の「２　事業承継計画を作成する」で紹介したように、事業承継の方針や計画などを１時間くらいかけて作成します。親族内承継や従業員等への承継でさらなる支援を求められることも多かったので、大阪商工会議所の取り組みとして事業引継ぎ支援センターのほかに「事業承継相談デスク」が用意されています。「事業承継相談デスク」は大阪府事業引継ぎ支援センターが入っている大阪商工会議所の中にあるので、ワンストップで対応ができるようになっています。1次対応で計画を一緒に作ったあとに「事業承継相談デスク」を紹介できますよと話すと、相談に来た社長により安心してもらえます。

事業承継の進捗管理や経営支援に関わることは、「事業承継相談デスク」や「よろず支援拠点」を紹介しています（公的支援の連携や、各機関の概要などは7章で解説していま す）。

2次対応は民間登録支援機関への橋渡しです。大阪府事業引継ぎ支援センターでは1回につき1・5時間ほどのヒアリングを3回程度行います。1次対応でM＆Aを希望していて、お相手がいない場合、このヒアリングをもとに最適な民間登録支援機関を紹介します。

お相手がいない場合、データベースに登録してマッチングするという方法もありますが、引継ぎ支援センターに登録している会社がまだ少ないので、すぐに理想的な相手が見つかるとは限りません。しかも第三者承継（M＆A）による会社の譲り渡しを想定してご相談に来る社長は、基本的に年齢的に厳しくなってきているなど、悠長にしていられない方が多いです。したがって、お相手がいない場合は民間登録支援機関への橋渡しをすることが多いです。

具体的な支援内容はM&Aの流れ・ポイント・注意点を説明し、たたき台としての企業評価等を行い、そのうえでM&Aを仲介してくれる民間登録支援機関へ橋渡しをする、というものです。早い場合は1回の支援で橋渡しできてしまうこともありますが、基本的には焦って進めてしまわないように最初にM&Aの流れなどを説明し終わったら、3日くらい今一度方向性を確認頂く期間を設けます。そこで「やはり進めてください」となることもあれば、「ちょっと待ってください」となることや、1年くらい来なくなってしまうケースもあります。M&Aを進める企業の多くは2、3回の支援で橋渡しできます。支援が5回6回と続くこともありますが、仕事が多忙でなかなか集中できなくて結果的に多くなってしまう例が多いです。

2章「事業承継計画の作り方」の「1　事業承継の種類とその特徴およびメリット・デメリット」にある「⑷清算とM&A」（本書38ページ）のなかでM&Aの仲介業者の報酬について言及しましたが、大阪府事業引継ぎ支援センターに登録している民間登録支援機関は通常の報酬よりも安価な最低報酬（薄価純資産価格5000万以下の企業に対しては200万円から）を設定しています。

3次対応というのは、事業開始当初はなかったのですが、事業引継ぎ支援センターが直接支援するものです。1回の対応が1・5時間ほど。6回～18回ほど行います。M&Aを希望しており、すでにお相手もいるものの、進め方がわからない社長や、本当にこのまま進めて大丈夫かどうかセカンドオピニオン的に相談したいという社長を支援しています。支援の内容は、2次対応と同様にM&Aの流れ・ポイント・注意点を説明し、たたき台としての企業評価等を行ったら、クロージングまでをサポートしていきます。3次対応の場合、大阪府事業引継ぎ支援センターが支援する内容に関しては一切費用がかかりません。クロージングに向かうまでに買収監査（デューデリジェンス）や契約書作成などで司法書士や会計士、税理士へ支払いが生じますが、それ以外は無料です。特に譲り渡し企業の場合は、ほとんど費用負担はありません。

譲渡契約書の作成はお相手と折半になるか、譲り受け企業が負担することが多く、専門家に依頼する買収監査は譲り受け側がチェックするためのものなので譲り渡し側が出費することはありません。

すでにお相手がいる企業については、金融機関の支援によってお相手が見つかっているケースが大多数です。金融機関がマッチングをコーディネートし、大阪府事業引継ぎ支援センターがクロージングまでを支援するという協力体制です。

銀行によるマッチングのほかにお相手がいるケースとしては、先代が「何か困ったことがあったら◯◯さんを頼れ」と話してあったケースや、同業者のなかから自力で探したケース、取引先に譲り渡しを持ちかけるケースなどがあります。取引先とのM&Aは、川上の企業と川下の企業が一緒になるので、確実な相乗効果が見込めるうえ、親しい取引先であれば繁忙期にお互いの従業員をヘルプに出し合ったりしていることもあり、従業員同士もコミュニケーションが取りやすいのです。

むしろ一見うまくいきそうな同業者とのM&Aは、取扱商品の微妙な違いや、リアル店舗からネット販売へシフトしているので店舗はいらない、といった理由からうまくいかないケースがみられます。

2次対応と3次対応は、どちらもM&Aをクロージングまで持っていくための支援になります。【図表5－2】は両対応を比較した表です。

【図表5－2】大阪府事業引継ぎ支援センター2次対応と3次対応の比較

	2次対応	3次対応
対象	M&Aによって譲り渡しを希望する会社で、まだ相手が決まっていない。	M&Aによって譲り渡し・譲り受けを希望する会社で相手は決まっている。
相談の経緯	高齢化などがきっかけで社長自身が相談に来るほか、セミナーに来てくれた社長に事業引継ぎ支援センターから連絡をして来てもらう。	M&Aの相談を受けていた金融機関が支援要請するほか、譲渡・譲受企業間で話はできているが、進め方がわからずに相談に来る。
センターの対応	お相手探しをするための業者選びを相談・サポート	お相手とクロージングするまでの相談・サポート
料金	センターの支援は無料。民間登録支援機関は特別安価な報酬で紹介してもらえる。	センターの支援は無料。契約書の作成・デューデリジェンスなどで外部の専門家に依頼する際などは別途費用が発生する。
メリット	M&Aの方針策定や、自社に適した民間登録支援機関を探すことができる。また、M&Aのお相手も業者のネットワークから幅広く探すことができる。	M&Aを進める上でセンターがセカンドオピニオンになってくれる。センターがクロージングに関わることで金融機関も融資の稟議を通しやすくなる。
デメリット	自社や社長個人の状況、会社の強みなどのヒアリングから始め、民間登録支援機関を選び、相手を探すという流れになるため時間がかかる可能性はある。	業者に比べると、相談企業自身で動かなければならない部分が多い。マッチングの"幅"に関しては業者よりも限定的。

(2) M&Aの流れ

M&Aの支援は、【図表5－3】のように進みます。

【図表5－3】は大阪府事業引継ぎ支援センターの2次対応の流れになります。3次対応の場合はマッチングまで済んでいるため、「基本合意」～「クロージング」までを支援します。【図表5－3】にある「相談」というのは橋渡しをしてくれる民間登録支援機関との面談です。現在6社ある支援機関のどこに委任するかということを決めるためのものです。

当センターへ会社の譲り渡しを相談に来る社長はこれまでM&Aの経験などありません。したがって支援機関に対して自社の強み

【図表5－3】M&Aの流れ

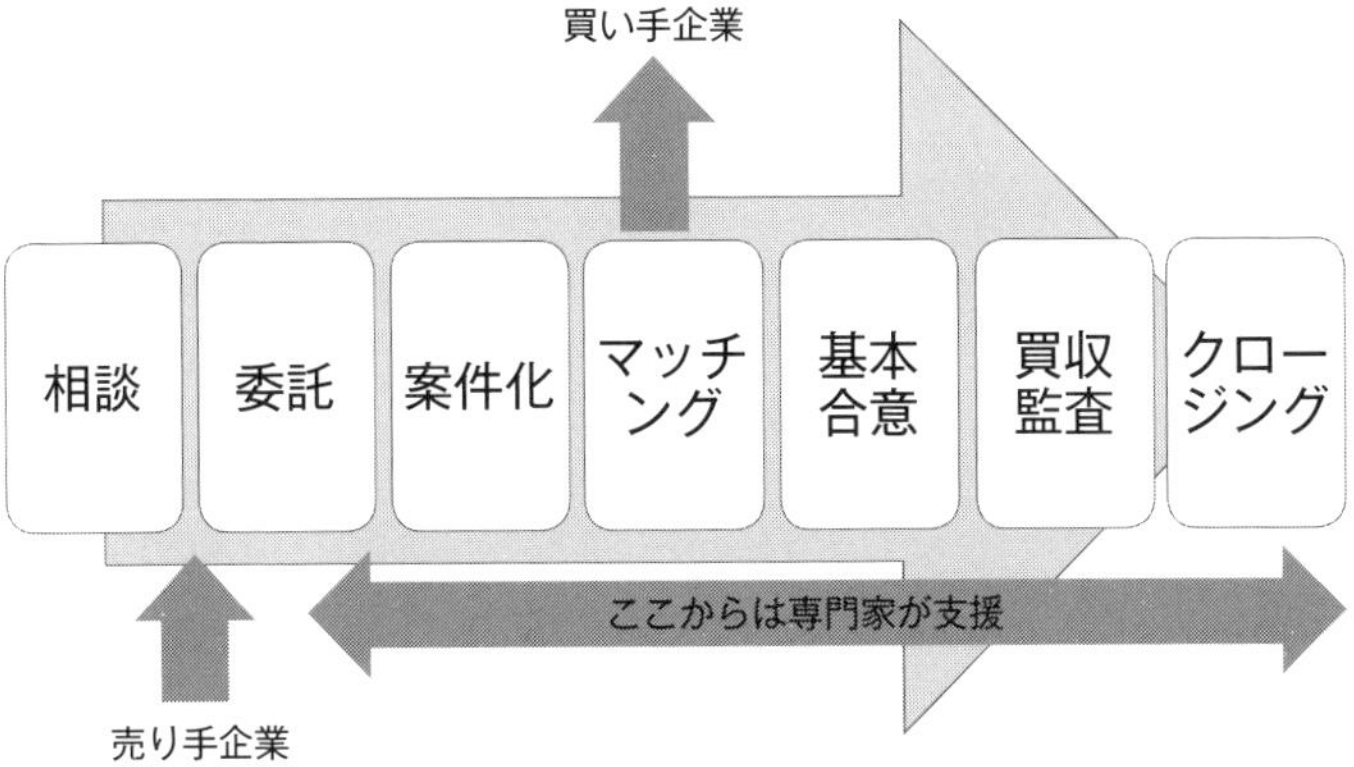

をどうやって説明したらいいかなどがわからないため、そこを私がサポートします。

例えば私がヒアリングした内容から、取引先に多くの上場会社がいるとか、ビジネスモデル、従業員スキルの強みなどを支援機関に伝えます。「このような強みがあるから、何十年もやってくることができたのです」という具合に支援機関へアピールします。

「委任」というのは民間登録支援機関との契約を結んだということです。一般的にはここで着手金が発生します。この着手金は、普通ですと100万とか300万円（規模や条件などで変化します）が必要になりますが、大阪府事業引継ぎ支援センターを通す場合は30万から50万円です。これは、1次対応、2次対応でしっかりと強みや社長の意向がヒアリングできている状態で民間登録支援機関に話を持っていくからです。民間登録支援機関としても話が来た時点で、登録してある譲り受け企業の中から、ある程度マッチングできそうな企業を想定することができるというわけです。着手金が30～50万円でも割高だと思う経営者もいると思いますが、必ずしもそうとは言い切れません。

次の「案件化」で行うのが、お相手を探すための会社データ作成です。民間登録支援機関がもっとも力を割くプロセスのひとつで、いうなればお見合い結婚の〝プロフィール作成〟です。当然、しっかりしたものを作らなければいいお相手が見つかりません。会社概要と経営計画、ビジネスモデルなどの内容を30〜40ページという充実したボリュームでまとめます。仮に同じようなクオリティのものを経営コンサルタントに作成してもらう場合、50〜１００万円必要になるくらいの内容です。

またＭ＆Ａの情報は広域に散逸するため、遠方まで足を運んで相手を見つけることもあります。こうした費用がかかることを考慮すると、民間支援機関に支払う着手金が必ずしも高いと言えないということが納得できるのではないでしょうか。

ただ、Ｍ＆Ａ業者ははっきり言いませんが、私は個人的にこの着手金には経営者に覚悟を持ってもらうという意味もあると思います。着手金を取らないでいたら、社長が途中で投げ出したり、本気で取り組まない可能性もあるでしょう。したがって、〝腹をくってもらう〟という意味もあるのではと思います。また、Ｍ＆Ａ業者は譲り受け候補先からも着手金を取っているので、両社が対等の関係でお見合いをするという意味もあると思います。

実際、大阪府事業引継ぎ支援センターに登録している民間登録支援機関は着手金を取らなければ資金繰りに困る、といったようなところはありません。決算や取引実績を精査した上で登録されているので、この点は安心です。優良な案件の場合、さらに着手金を安くしたり、基本合意まで着手金をとらなくてもいいと提案したりする民間登録支援機関もあるくらいです（その時手元にあるリストのなかで迅速にクロージングできる企業があるかどうかによるのでタイミングも関係します）。一般の仲介業者で「着手金不要」を謳っているものを見かけますが、個人的には着手金を取っている方が信頼できると感じます。着手金が発生している以上、能動的に相手を探そうと動いてくれると思いますし、着手金とはそのための費用でもあるからです。着手金不要では、リストに登録して終わりという受動的なままで終わってしまうような可能性も考えられます。また依頼者も料金を支払っていないのであれば本気で取り組もうとせず、リストに登録されていればよしとしてしまうおそれもあります。

「案件化」の書類ができ上がったら、次は「マッチング」です。簡単に言うとお相手探しです。候補先リスト（譲り受け候補一覧であるロングリスト、それを絞り込んだショートリスト）をもとに交渉先を決めます。ここでのポイントが、秘密保持は〝絶対に守るべきルールである〟ということです。M&Aは「秘密保持に始まり秘密保持に終わる」という仕事です。

したがって、案件化で資料（プロフィール）を作成しても、いきなりそれを相手候補に見せるということは絶対にありません。最初は「ノンネーム情報」（例えば「大阪府の金属加工業で売上はいくら、従業員〇名」という程度の情報）で、相手が関心を示したら秘密保持契約を結んだ上、ネームクリアの段階で案件化の資料を見せるというプロセスになります。

また、民間登録支援機関が独断で候補からお相手を探すということもありません。候補先リストを譲り渡し企業の社長と共有・相談し、どの会社にアプローチするか、どの順番で行くかということまで打ち合わせてから訪問をしています。例えば、同業でいつも顔を合わせているライバル企業がリストにあると、「ここには行ってほしくない」ということがあります。したがってアプローチ先の検討は大事なプロセスになっています。譲り受け候補が民間登録支援機関の作成した情報（プロフィール）を見て、さらに詳しい話をしたいということになって、トップ面談をすることになります。

そこで色々な交渉を経て、双方の信頼関係ができたら、譲り受け候補先から買収の目的、希望の買取価格、その際の資金調達方法、スケジュール等を記載した意向表明書が示されます（M&Aプロセスで絶対必要なものではないので、省略されることもあります）。

それから、仮の契約としてお見合いの成立に当たる「基本合意」がなされます。基本合意書は司法書士に作成してもらいます。基本合意を行う大きな理由としては、次の「買収監査」、いわゆるデューデリジェンスを行うためです。買収監査では会計の専門家が、帳簿に間違いがないか調べたり、司法書士や弁護士が契約書を全部チェックしたりします。譲り渡し企業にとっては会社を丸裸にされるも同然なので、基本合意という仮契約がないと買収監査を受けるのには抵抗があります。譲り受け企業にとっても基本合意をすることで心置きなく監査ができます。基本合意とはそういう意味で結ぶ契約のため、あまり複雑な内容にはなりません。

買収監査をする会計士や税理士、司法書士などは、譲り渡し企業の顧問が担当するケースが多いです。私もこの形を推奨しています。例えば財務の買収監査であれば、譲り受け企業の子会社になるため顧問会計士や税理士が行った方がその後の事業経営もスムーズでしょう。顧問の方にとっても、妙な帳簿を引継ぎたくないので、必死で取り組んでくれます。社長が金融機関に相談したケースでは、その金融機関の顧問税理士が行うこともあります。当センターが専門家を用意することはありませんが、私の個人的なネットワークから紹介して民間同士で契約してもらうということがあるほか、大阪弁護士会と情報交換等の形で連携しています。買収監査では財務・税務面や労務面などに問題がないかを確認するほか、企業によっては不動産関係の買収監査が行われることもあります。

例えば、産業廃棄物などを扱う業者は事業の特性上、土地に環境リスクがあるため、法令違反がないか土壌などを調査する必要があります。サンプル調査などの結果、対策工事が必要であれば、そのコストを見積もることになります。また、問題が見つかったらその時点でM&Aがブレイクしてしまうことや、スキームの見直しが発生することもあるので、この調査は慎重に行われます。定期的な検査がしっかりされていないと、それだけM&A交渉でリスクが高まるということです。ただ、逆に定期検査が適切になされていれば、「最近検査したばかりです」ということでスムーズに終わっていた例もあります。

買収監査で「特に問題なし」となれば本契約を交わし「クロージング（経営権の移転を完了させる最終的な手続き）」します。ちなみに当センターが支援する場合、基本合意に至った時点で本契約も同時進行で司法書士に作ってもらいます。基本合意まで至れば、ほぼ成約する見通しがついたと考えられるからです。もちろん、買収監査を経て価格が変わるようなケースもあるので、契約内容の埋められるところから埋めていくようなイメージになります。

本契約の契約書に印鑑を押したら、株券の引き渡しとその対価の支払い、カギの引き渡しや役員の改選手続きに必要な重要書類等の引き渡しをします。ただ、ここで終了ではありません。ここから従業員に周知します。株式譲渡であれば、譲渡け企業の経営者から「雇用契約は一切変わらないので心配しなくていい」とか「大きな会社の傘下に入るだけだから、より安定した経営ができるようになると思う」といったことを話して安心してもらいます。

譲り渡し企業の社長は、この時点で辞めるわけではなく、半年から1年程度（最近は長引く傾向にあります）、会長や顧問、相談役といった肩書で引き継ぎを行い、従業員が辞めたり、取引先が離れていかないようにフォローします。安定するまでが大体半年から1年です。それを経て退任するという形です。

2　事業引継ぎができるタイミングとは

【図表５－４】は一般的な内容ですが、引き継ぎができる会社とできない会社をまとめています。

ただ、ここには３期以上継続的な赤字のある会社は引き継ぎできないとしていますが、私が担当した案件で、３期連続の赤字でも６億５０００万円で譲渡されたというケースもあります。

ですから、たとえ現在赤字でも、M＆Aによってそれが解消する見込みがあれば十分お相手が見つかる可能性は考えられます。

例えば、倉庫賃料が大きな負担になっている

【図表５－４】引継ぎできる会社・引継ぎできない会社

引継ぎできる会社	引継ぎできない会社
・黒字である ・借入金が営業で弁済できる範囲である ・大きな簿外負債がない ・シナジー効果が期待できる業種である	・３期以上継続的な赤字 ・借入金過多 ・連続で粉飾をしている ・多額の簿外負債がある ・M&Aによる発展のシナリオが描けない業界

先送りせずに“良い状態の時に譲渡する”のが大切です

企業がM&Aで引継ぎ先の企業の既存倉庫を活用し倉庫代が圧縮できるというケースがあります。また、製品の品質はいいのに営業力に課題があったために赤字だった企業もM&Aで引継ぎ先の企業の営業力を借りて黒字化するということは珍しくありません。M&Aは基本的に同じエリアで、かつ同じ業種の企業同士がマッチングするということがほとんどありません。譲り渡し企業にとって同地域の企業はライバル企業であったり、経営者のことをよく知っている企業の可能性があります。この場合、感情的に受け入れ難い社長もいるようです。

譲り受ける側の企業の狙いは、違うエリアに進出したいとか、飛び石ではない多角化をすることで相乗効果を得たいというものです。同じエリアで同じ業種と一緒になっても、売上・利益の単純な足し算にしかなりません。

したがって、期待できる相乗効果によっては、ここにある引き継ぎできないという条件に当てはまる企業でも、引き継ぎができる可能性は十分にあります。

また、「粉飾」というのはもちろんいけないことですが、会社によっては、知らずにやってしまっていたということもあるかもしれません。ですので、【図表5－4】にあることは、あくまで一般論になります。

M&Aで譲り渡しを検討している社長にとってなにより大事なのは先送りせず、良い状態の時に譲渡するということです。

M&Aの目的はより規模が大きかったり、業績の優れた会社に引継いでもらうことで、企業が成長して全従業員が幸福になることですから、良い状態の時に引継いでもらって大きなシナジー効果を生むことが大切なのです。

3　M&Aを検討する際に留意する点

M&Aをすることを決めた場合、社長はいくつか留意しなければならないことがあります。また、それこそM&Aを成功させるためのポイントでもあります。

(1) 譲れない条件を明確にする

もしも「お相手はどこでもいいです」という考えだと、条件の良い企業を探すことはできません。

大阪府事業引継ぎ支援センターへ相談に来る社長がよく言う譲れない条件は、やはり第一に「雇用の維持」です。これに関連して「従業員の転勤がない会社にしてほしい」ということも言われます。多くの中小企業は地域密着型で地元の方を採用しているため、家庭の関係で転勤させられないというケースが多いようです。実際に交渉の過程で、工場を移すことになって交渉決裂してしまった例がありました。

また「取引先との信頼関係維持」を挙げる社長も多くいます。これまで長年取引してきたところを、引き続き大事にしてもらいたいということです。「都心の取引先だけで十分なので、地方は切り捨てる」というような方針をもった会社はやめてほしいと考える方がほとんどです。

たとえ海外に展開しているようなグローバル企業でも本社が地方にあると大阪など大都市の中小企業とのM&Aに積極的です。その理由は、地方に若者がいないからです。都会で募集すると人が集まってくれるというわけです。こうしたニーズを持った企業なら、転勤はＮＧという譲り渡し企業の意向とも合致します。このように拠点を持つためにM&Aをするという企業もあります。

（2）秘密保持の徹底

M&Aにおいて秘密保持は絶対に守ってもらいたいルールです。一度情報が漏洩したら止めることができなくなるからです。大阪府事業引継ぎ支援センターでも社長が秘密保持できなかった例がいくつかあります。

例えば、事業内容も良く、従業員に資格者もたくさんいるという会社がありました。これならすぐにお相手が見つかるだろうと思える条件です。

ところが、私がその会社に直接伺った際、社長が従業員の前でM&Aの話をしてしまっていました。私はびっくりしてしまい、すぐに場所を移して「M&Aの話を従業員の前で話すのは不安をあおることになりませんか」と言いました。

しかし社長は「もう1週間前から話してあるから大丈夫だ」と答えました。内容のいい企業だったので民間登録支援機関も興味を示してくれていたのですが、間もなくして社長から断りの連絡が来ました。事情を聞くと、全従業員が辞表を持ってきたというのです。

従業員の皆さんは失業保険が欲しいということと、今の時期であれば他の会社に行けるからと考えたそうです。

こうしたことがあるので、秘密保持は絶対に守らなければいけません。クロージングした後であれば契約も決まっているので、従業員に「待遇は何も変わらないから安心してほしい」と言うことができます。

しかし早い段階でM&Aの話が従業員に伝わると、「自分の会社はどうなってしまうのか、待遇が悪くなるのではないか」と不安になり辞めてしまうのです。

もう1社、事例を紹介しましょう。

私は、M&Aによる事業承継を考えている社長には必ず秘密を保持するよう話すのですが、孤独に耐えられずに言ってしまう方がいます。交渉を進めている相手が本当にふさわしいのかどうか誰にも相談ができないという孤独と、後になって関係者から「なんで話してくれなかったのか」と言われることが嫌でつい口をすべらせてしまうのです。この事例の社長も、上記の理由から交渉相手が見つかった段階で秘密を話してしまいました。すると、連日従業員から雇用条件はどうなるのか聞かれるようになってしまったそうです。

しかし、交渉相手が決まったといっても、具体的な条件などはこれからどうするかと話していく段階です。雇用がどうなるかということは一概に言えません。株式譲渡であれば、会社はそのまま残るので基本的に雇用は維持されますが、それも交渉次第です。このケースの場合、最終的にはなんとか乗り切ることができました。

しかし、経営者の方は従業員から毎日「自分たちの待遇はどうなるのか」と詰め寄られていたそうです。

ちなみに秘密というのは基本的に譲り渡し企業から漏れます。譲り受け企業は、秘密が漏れてしまうと、お相手になる会社が不利になることを知っています。すると、M&Aしても期待するような相乗効果が得られなくなってしまうので、絶対に話さないのです。譲り渡し企業の経営者が、仲のいい社長友達に「こういう企業とM&Aをしようと思うんだけど、どう思う?」などと相談してしまうこともあります。これも結果として自社の従業員まで話が広がり取り返しがつかなくなります。

(3) 自社の適正価格を知る

実際の価格は交渉によって変化します。しかしたたき台の価格というものは必要になります。適正価格の算定方法というものは多種多様ですが、私は「時価純資産価額方式」が良いと思います。時価純資産価額方式については本章の「4　企業価値の評価方法」（132ページ）でご説明します。私が体験した相談事例で、適正価格をきちんと把握できていなかった例があります。それは、顧問の先生が独自の根拠で算定した価格を信じ切ってしまっていたというものです。私がヒアリングや決算書から判断した適正価格は5000万〜6000万円でしたが、その社長は顧問が算定した10億円という自社価格を信じて疑いませんでした。その社長が私の意見も一応聞いてみたいというので「1億円を超えることはないでしょう」とお伝えしたのですが、「それでは売る意味がない」とおっしゃっていました。執筆時点ではその後の経過報告がないので、どうなったのかわかりませんが、10億円という価格から頭を切り替えないとM&A交渉は相当難しいと思われます。

この例は極端なものですが、3億円くらいの評価の会社で、顧問が5億円と算定しているような例は時々出くわします。私が「経常利益が年間2000万円くらいの会社を得るために5億円の投資をしてくれる譲り受け企業がありますか」と話すと「なるほど」と納得して考えを変えてもらえることもあります。しかし、時価純資産価額方式のような説得力のある算定方法ではない自社価格に凝り固まっていると、たとえ正当な評価を聞いても「低く見積もられた」と感じてしまう人も少なくありません。現実とかけ離れた価格で交渉を希望すると、仲介業者から「それなら結構です」と言われてしまいかねません。時価純資産価額方式もたくさんある計算方法のひとつに過ぎませんが、私の経験上、もっとも説得力のある計算方法であることは間違いありません。

(4) 譲り受け側の立場で考えてみる

譲り渡し企業の社長は、譲り受け側の立場で考えるということもポイントです。M＆Aは譲り受け企業にとって投資的な行為になります。したがって今後のリスクも投資した側が背負うことになります。株式譲渡であれば、債務や過去の揉め事も含めて引き継ぐことになります。

M＆Aの後に従業員が辞めてしまうというリスクもあります。事業譲渡のように〝いいところ〟だけを引き継ぐ方法もありますが、基本的に相手の立場で考えることがM＆Aを成功させる上で重要になります。ですから私は譲り渡す会社の社長にいつも言っています。「相手の方がリスクを背負うということはわかりますよね。今は社長がいるから従業員も取引先もしっかりと会社についてきていますが、M＆Aで社長がいなくなったらどうなるか確実なことは誰にもわからないのです。ですから、譲り渡し企業の社長から先に歩み寄る姿勢が大事なんですよ」と。

良い条件で交渉を進めたいという気持ちはわかりますが、意地の張り合いを続けていると話がいつまでも先に進みません。お互いを立てることが交渉をスムーズにする一番の秘訣です。

(5) 悪いことは最初に言う

自社の悪い要素は最初に言ってください。M&Aの交渉では〝隠し事をしない〟ということが非常に重要です。中小企業なので、悪い要素もある程度のレベルは許容されるでしょう。例えば不良在庫・不良債権、不採算部門、間違った会計処理などです。むしろ、最初に話すことで「正直に話してくれた」という好印象につながります。社長が意外と話さないことに「ご自身の病気」があります。社長にはM&A後に会長や顧問として引継ぎ作業をしてもらうため、健康状態も大切な情報です。買収監査（デューデリジェンス）の段階で悪い要素が出てきた場合、「わざと隠していたのか」と考えられてしまう可能性があります。悪いことは、先に出せば信用に、後に出せば疑念になります。そして、一度疑念が発生してしまうと〝疑念が疑念を呼ぶ〟という状態になって、交渉は失敗してしまうことでしょう。悪い要素を隠さずに話すことは勇気がいると思います。私は「どんなに健全な経営を心がけていても長年の膿というものはどうしても出てきてしまうものです。相手もそこは理解してくれます」と話し、恐れずに打ち明けるようアドバイスしています。

財務に問題を抱えている場合は磨き上げによって問題を小さくしたり、解決することができます。「自分でも知らず知らずに悪材料を作ってしまっていないか」と不安になる社長もいますが、買収監査では専門家によって事前にしっかりと洗い出しをするので、余程悪意を持って隠そうとしなければ大丈夫です。

苦労するかもしれないのは、労務関係のリスクでしょう。例えば、給料の未払いや契約条件の不備などは世間の目も厳しくなってきています。しかし、これも最初にちゃんと話すことで、譲り受け企業が自社で対応できるかどうかを考え、受け入れてくれることもあります。隠しごとが買収監査の時に発覚した場合、無理やりまとめることができたとしても、クロージング後もずっと何かあるたびに「実はまだ何か隠していることがあるのではないか」、「なかなか成果が上がらないのは隠しているマイナス要素があるからではないか」と、ずっと疑われてしまいかねません。

実際のところは、大阪府事業引継ぎ支援センターでは、隠し事なしでやってもらうようにしていることもあって、買収監査の段階でブレイクしたことはありません。

M&Aでは、自社に最適なお相手が次から次に現れるわけではありません。特に私が3次対応で支援する際は、今見つかっているお相手以外は見つからないくらいの気持ちでいてもらって、業者から聞いた右記のような生々しい事例を話したうえで、隠しごとは絶対にしないでほしいとお願いしています。

(6) 人財流出防止に全力を

秘密保持のところとも関連しますが、人財は流出しないように細心の注意を払う必要があります。秘密保持の事例のような、従業員が全員辞めてしまう〝空箱リスク〟は絶対に避けなければいけません。

人財に関連した事例で残念なケースがあります。交渉が順調に進んで、最後の最後、契約が終わった後に従業員へ説明したら、工場長が「自分は社長とずっと一緒にやってきたので、社長がいなくなるのなら、私も会社を辞めます」と言いました。この案件はこれで契約が解消されてしまいました。というのも、工場長が契約のキーマンだったからです。株式譲渡契約書に『工場長が退職により対象会社に所属しなくなったことを期限の利益喪失理由とする』というキーマン条項（ロックアップ）があったのです。M&A後に従業員が退職してしまう例はどうしてもあります。

例えば、譲り受け企業から出向してきた新しい社長と従業員の方向性（経営理念や経営に対する考え方）が合わずに辞めてしまうことがあります。ほかにも、譲り受け企業が上場を目指しているため内部統制が一気に厳しくなってしまい従業員が動揺してしまう例などがありました。

こうしたことにならないように、交渉段階だけでなく、譲り渡し企業の社長はM&Aが終わった後も顧問や相談役として残って意見を言うことが重要です。新社長となる方と事前に会って従業員とやっていけそうかどうか確かめたり、合併後に社内環境が急激な変化を起こさないようにするのです。何度も書いているようにM&Aはお見合い結婚のようなものです。結婚後は、譲り渡し企業だからといって萎縮せず〝両家〟にとって最善の行動を取るべきでしょう。

(7) 執着しない

譲り受け側の経営方針に合わせるということです。幸い、大阪府事業引継ぎ支援センターに相談に来てくれる社長には、最初の段階で「M&Aはお見合い結婚のようなものです」とお話ししていることもあって、クロージング後も執着しないでいてくれる社長が多いようです。

ただ、仲介業者の方から話を聞くと、譲り渡す方の社長としては、従業員のことが心配になって細かいことまで色々と口出ししたくなることが多いようです。仲介業者のなかには口出しさせないことに全力を尽くすようアドバイスしているところもあるようです。口出ししない、というと「(6) 人財流出防止に全力を」で書いたことと矛盾するかもしれませんが、そういうことを見越して経営方針が自分の考え方と合致する会社を探すことが重要なのです。とはいえ、一緒になってみなければわからないことがあることも事実です。譲り受け企業も従業員が辞めてしまうことは避けたいことですから、譲り渡し企業の社長は一緒に協力して従業員が辞めないように努力することは間違いではありません。

(8) 経営姿勢の維持

会社を良い状態で渡すことで従業員も報われます。

これまで相談に来られた方にはいませんでしたが、「どうせ譲ってしまうのだから」と、経営のアクセルを緩めてしまうことは避けなければいけません。

また、仮にM&A交渉がブレイクしてしまったからといっても経営に対するモチベーションは維持しなければいけません。「次の交渉」のためにも、業績が下がっていると候補を探すことが難しくなってしまいます。やはり業績が右肩上がりの方が交渉は有利になるものです。経営者は油断せずに〝最後まで〟経営姿勢を維持しなければいけません。

経営姿勢を維持できなかった事例があります。ある女性が建設業の会社を引継いだものの、女性には厳しい経営環境だったためM&Aを選択しました。この女性は経営を諦めてしまっていたので業績がどんどん悪くなり、M&Aの話はまとめることができましたが、譲渡代金は非常に低いものとなりました。この事例は赤字になったもののクロージングまで持っていけましたが、業績が悪くなっていることを理由にブレイクするという可能性もゼロではありません。

逆に、経営姿勢を維持したことで業績がどんどん良くなった例もあります。そのケースでは、あまりに業績が良くなっているので、企業価格を見直さなければいけないくらいになったのですが、すでに譲り受け企業の親会社が金額の決済を出してしまっていたため、譲り渡し企業の社長が会長として引継ぎをしてくれている間の報酬を上げることで帳尻を合わせたそうです。

(9) 不用意な発言や対応に気をつける

M&A交渉においても相手に配慮した対応が重要です。私がM&Aをお見合いにたとえるのもそうした背景があるからで、不用意な発言から交渉がブレイクしてしまうという例もあるのです。

実際にあった事例をご紹介します。ビルメンテナンス業をしている売上1億円くらいの会社と、10倍程度の規模の不動産管理業の会社がM&A交渉をしていました。トップ面談において、当初は意気投合していたのですが、やがて譲り渡し企業であるビルメンテナンス会社の社長が相手に不信感を持つようになり、交渉が決裂してしまいました。要求や条件に不満があったのではなく、相手の態度が原因でした。譲り受け企業である不動産管理会社の社長は「買い手」という意識があったのか、上から目線の発言があったのです。お見合い結婚で男女が対等であるように、M&Aでも双方の会社は対等な関係です。モノを売り買いするような、まして「交渉してやっているんだ」というような態度では不信感を持たれてしまっても仕方ないでしょう。

常に相手企業への配慮と敬意、真摯な交渉姿勢を双方とも持つことが重要なのです。

⑽もしもの時に備える

Ｍ＆Ａを検討する以前の問題になりますが、経営者が心がけなければならないことです。相続トラブルの例（63ページ）で少し触れましたが、社長が後継者について何も対策をしておらず急逝してしまうという可能性はゼロではありません。Ｍ＆Ａにおいても、こうした可能性は考えておかなければいけないということがよくわかる事例をご紹介します。

ある日、「自分は事業経験がまったくないが、急遽代表をやらなければならなくなった」と相談に来た女性がいました。話を聞くと、配偶者である前社長が急逝してしまったとのこと。前社長は〝会社と経営者の寿命は異なる〟ということを理解しておらず、後継者の決定や育成をまったくしていなかったそうです。会社は内装工事業をしており大阪府内では一定の規模を持つ存在感のある企業でした。しかし入社している長男は経営の自信がなく、ほかの親族や従業員にも会社を継ぐ意思がある者はいませんでした。

結局、従業員と顧客を引き継いでくれる企業に株式譲渡することになったのですが、代表者に事業の経験、経営管理能力がなかったため、企業価値はかなり下がってしまいました。配偶者が存命時の決算書から考えると譲渡価格3000万円くらいになりそうな会社でしたが、10分の1の300万円で譲渡することになったのです。経営者は万が一に備えて、早めに中長期的視野で円滑な事業承継を行うための方針を決定しておくことが重要といえるでしょう。

4　企業価値の評価方法

私が経営者の方に企業価値の評価方法として説明しているのは「時価純資産価額方式」です。こう書くと、「他にも評価方法がたくさんあるではないか」と思う方もいるかもしれません。

確かにM&Aにおける企業価値というのは、それだけで分厚い本ができるくらいいろいろな評価方法・計算方法があります。一般的にM&A業者はそういうものを駆使して、少しても良い条件で交渉しようとします。

しかし私は「時価純資産価額方式」がもっともわかりやすく、説得力もあると断言します。「時価純資産価額方式」とは、時価の純資産価額を算出し、それに営業権（３期分の経常利益平均×３）を加味したものを企業価値とみなす方式で、中小企業のM＆Aで最も用いられている方式です。実際、これまで大阪府事業引継ぎ支援センターが成約したケースをみると、時価純資産価額方式で計算された価値と大体同じくらいの価値で話がまとまることが多いです。時価純資産価額とずれてしまう例としては「奥さんが難病で介護をしなければいけないから、一刻も早く譲渡してほしいので価額にはこだわらない」とか「社長が高齢だから譲渡を急いでいる」ということで安くなることもあります。

また、極端に純資産の部分が大きい場合、投資効果が低くなってしまうので時価よりも低くなるケースもあります。実際に相談があった事例なのですが、経常利益が年間２０００万円なのに、時価純資産が８億円の評価の会社がありました。８億円のほとんどが土地の価格だったのですが、この場合、譲り受け企業側は投資効果が低いということになり、ある程度は評価額が叩かれてしまう可能性があります。この時の相談者は納得してくれましたが、なかには「この土地にこれまで投資してきて、この土地で利益をあげているのだから叩かれるのはおかしい」と納得できない人もいるでしょう。しかし、譲り受け企業からすると、そこに投資するといくら利益が回収できるのかということが重要なので、ある程度歩み寄る姿勢は必要になるでしょう。8億円の例は極端ですが、譲り渡し企業と譲り受け企業の考える価格に1億円くらいの開きがある場合、「お互いに5000万円ずつ歩み寄りましょう」というケースは十分あり得ることです。

逆に、非常に魅力的な会社で、多くの買い手が競争することで時価純資産価額よりも高い価値がつくということもあります。

【図表5－5】では時価純資産価額方式以外の企業の価値評価方法として「DCF方式」、「類似業種比準方式」というものを挙げていますが、これらは大企業の評価方法です。

簡単に解説しておくと、「DCF方式」とは、譲り渡し企業の将来のキャッシュフローを予測し、これを現在価値に還元した合計額を企業価値とするものです。その企業の将来にわたる収益力をベースにした評価方法で、海外企業や日本の大企業ではこの方式の評価方法を重視しています。しかし、中小企業では中長期の事業計画を策定している企業が少なく、将来の収益予想も困難なため、私は企業価値を算定する方法としては適さないと考え採用していません。「類似業種比準方式」は、譲り渡し企業の属する類似業種の上場企業の平均株価をもとに、１株当たりの利益・純資産・配当金について上場企業と譲り渡し企業を比較して株価を算定する方式です。この方式は譲り渡し企業が上場企業に匹敵する規模がある場合は妥当性を持ちます。しかし譲り渡し企業が債務超過や無配当の場合や中小企業の場合は妥当ではないので、私はこの方式も採用していません。したがって中小企業のＭ＆Ａでは、ほとんどが時価純資産価額方式で算出した価値をたたき台として交渉しています。

　大阪府事業引継ぎ支援センターに相談にくる譲り渡しを希望する社長で、予め自社の価値を高くするためにあらゆる方式で算出してくるような方はいませんが、本章の「(3)自社の適正価格を知る」で紹介したように、顧問の税理士

【図表５－５】企業価値評価方法

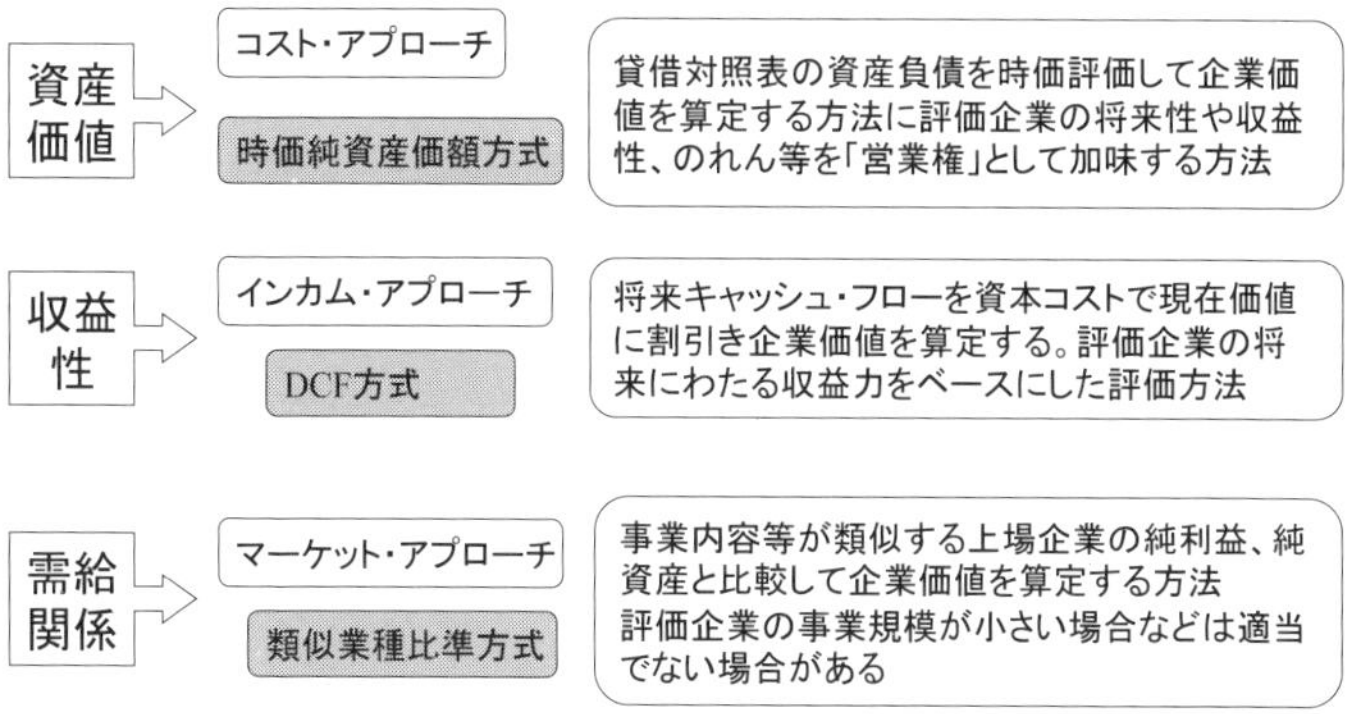

などが算出した数字を持ってくることはあります。その中には「どんな算出方法を使ったのだろう」と思うような、とんでもなく高い価値を言ってくるケースもありました。社長が認識している自社の価額が実際とかけ離れているケースは意外とあります。私が一般的な例として時価純資産価額方式をたたき台とする考え方をお伝えすると、それを信じない社長もいれば、信じて考えを変える社長もいます。

いずれにせよ、企業価値を評価するのはあくまでお相手を見つけ、交渉するためのたたき台とするためのものです。譲り受け企業に対して説得力のある評価方法が求められるため、私は時価純資産価額方式が最適であると考え、それを社長に話しています。

【図表5－6】は時価純資産価額方式をわかりやすくイメージ化したものです。

資産と負債を時価評価した分に、営業権（のれん）を足すというもので、非常にわかりやすいと思います。資産を時価評価するにあたり含み益がある土地があれば純資産よりもプラスでしょうし、退職金規定があるもかかわらず、その原資となる退職金積み立てなどをされていないのであれば、純資産よりマイナスになる可能性があります。

このように決算書の情報をプラスマイナスして、きちっと時価に置き換え、営業権を足します。

企業の価値というものは、決算書という過去の数字に着目した方がわかりやすいと思います。過去の結果が現在の決算書となって出てきます。すでに結果が確定した過去の出来事に基づいた数字が決算書ですから言い訳もできません。

したがって、そこからスタートするのが一番わかりやすいですし、私はいいと思っています。

今の買い手の傾向として、大きな資産が欲しいというよりは、事業や人財といった収益の柱を欲しがっています。

例えば極端な話、土地や建物は退職金として受け取ってもらって、スリム化して譲渡した方がいいというケースもあります。そういう助言をして、実際に成約したケースもあります。

【図表５－６】時価純資産価額方式のイメージ

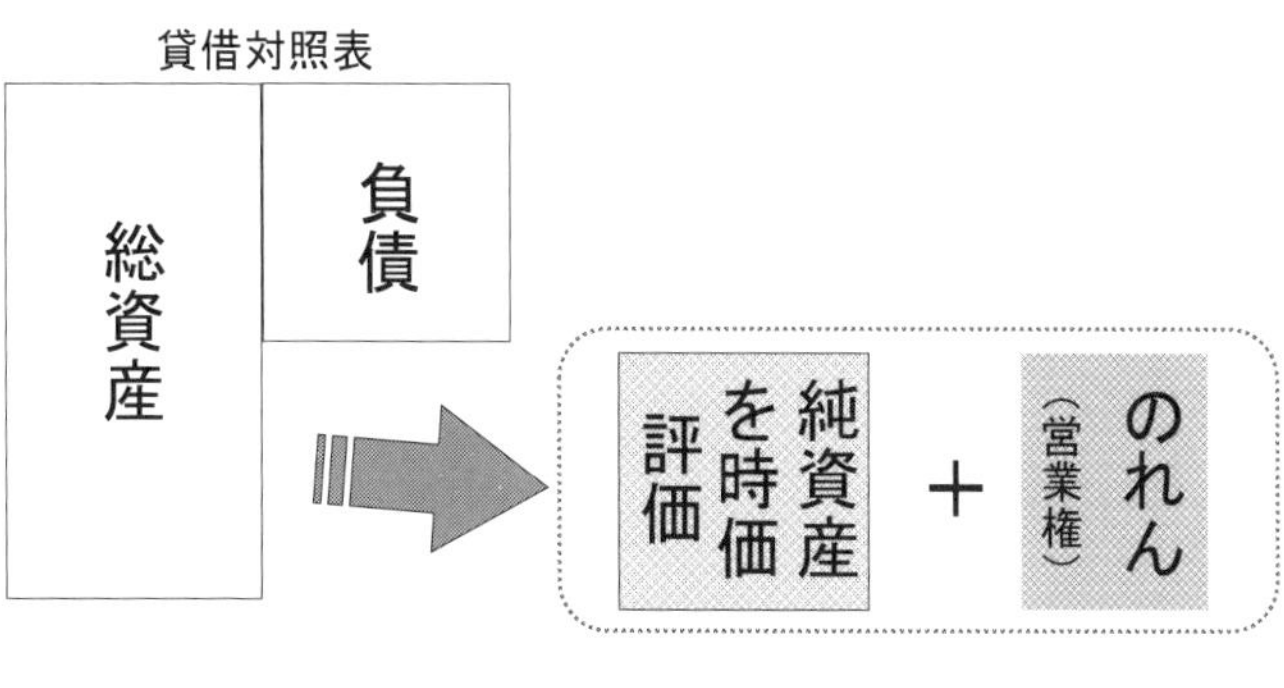

5　営業権（のれん）とは？

営業権（のれん）の本質は譲り渡す側の企業のブランド価値です。大阪府事業引継ぎ支援センターには30年、40年と、大変歴史のある会社が相談に来ます。当然ブランド力や技術力があるからそこまで続いたのですが、譲り受け企業の立場からすると、「そのブランドでどれくらいの利益を計上しているのか」ということが重要です。つまり、ブランド価値を算定するのは歴史などではなく、過去に確定した経常利益という数字が根拠になるわけです。3期分の経常利益の平均に3を掛けた数字を、営業権として〝そのブランドで計上できる利益〟とみなすのです。これを話すと、相談に来る社長は冷静に自社の評価に納得してくれます。「確かに自分たちには技術力があるけど、営業力がないからなかなか利益につながっていない」と、自社の営業権の価値算定にも理解を示してくれるのです。

例えば技術力というものは営業権を構成する要素になりますが、それで利益をあげていなければブランド価値が高いとは言えません。つまり、会社の伝統、知名度、従業員の技術、取引先（顧客）との信頼関係、優位な立地条件などがあったとしても、それが会社に利益をもたらすものでなければ、市場からは評価されないのです。

したがって、営業権は、企業の収益性を基礎に算定され、大体経常利益の３年分くらいに落ち着いています。これは実務上よく用いられている「年買法」という営業権の算定評価方法になります。譲り受け企業にとっても、この計算は説得力があります。「今後３年くらいは過去の３年分の平均くらいは利益を出してくれるだろうから、それくらいは見ないといけないだろうな。営業権の価格としてはそれくらいになるだろうな」と考えてくれます。大阪府事業引継ぎ支援センターが３次対応（直接支援）する場合も、大体これくらいに落ち着きます。また、ここから話し始めて交渉を進めるのがお互いにとってもわかりやすいだろうと思います。

M&A当事者インタビュー

譲り受け企業の代表取締役B様　その1

引継ぎをした会社はどんな会社で、どのようなところに魅力を感じましたか？

――当社（大阪）からかなり遠方地にあるお煎餅の製造・小売をされているC社さんです。こだわりの菓子店を発掘することが当社のミッションでしたが、C社は地元で老舗店として名が通っており、まさに取引先として理想の会社でした。味もさることながら、手間暇かかりますが手焼きのスタイルを貫き、技術力に優れています。

地元に類似店がなく、観光客にも人気なので、インバウンド需要も十分見込めることも魅力でした。

今回会社を譲り受けられたきっかけは何でしょうか？

――C社は当社の半世紀以上に渡る取引先でした。ご夫婦のみで製造されているのですが、かなりご高齢になって後継者もおられず、「B社さんでやってくれたら私たち助かるのに」と冗談まじりでおっしゃったのがきっかけです。

M&Aにどのくらいの期間がかかると考えていましたか？

――C社さんのご夫婦は高齢にもかかわらず働きづめだったので、早く引き継いであげたいと強く思っていました。1年はかけたくないなと。実際は9カ月かかりましたが、それでも長く感じましたね。

概要	
会社所在都道府県	大阪府
主な事業内容	菓子卸売業
設立年	1960年代
資本金	10百万円
M&A直前の売上	430百万円

クロージングに至るまで気を付けた点はありますか?

――コミュニケーションを取ることを一番に心掛けました。1カ月に1回は飛行機で向かい、1週間ほど滞在することを繰り返しました。滞在時には製造現場を見て説明を受けたり、ご夫婦と食事を共にすることも度々でした。

そこまでされていたのに、引継ぎ支援センターでの相談時には「まだまだコミュニケーションが不足しているのではないか」と悩まれていたのが印象的でした。

――譲渡する側のC社さんにすればいろいろと不安があったと思います。契約の交渉が必要になった時は少しぎくしゃくすることもありました。しかし互いの心の間に溝があればこの引継ぎはうまくいかなくなってしまうという思いから、できるだけ顔を合わす時間を取りたかったのです。ただ距離的な制約があり向き合う時間に限界があることが歯がゆかったです。

公的支援を受けていかがでしたか?

――上宮さんへの相談は、十数回にわたり足しげく通いました。当初自分がM&Aをするなんて大それた意識はなかったのですが、助言を受けて前向きに取り組んでみようと思えました。度々くじけそうになりましたが、企業の評価、契約交渉方法、契約の仕方などの具体的アドバイスを受けて粘り強く進めていくことができました。

(P177 インタビューその2へ続く)

コラム　サブマネージャー兼田の「引継ぎ支援の現場から」
こころのクロージング　その2

「実は、息子に継がせたくないと思っています」

相談者の社長が唇をかみしめ、決意の表情を見せた直後にその言葉は発せられました。

カチッ

その瞬間、私とお客様のこころがつながった音が聞こえた気がしました。

そしてこころの中でつぶやきます。

『本当の悩みを教えて下さってありがとうございます』


経営者にとって後継者選びや事業譲渡はデリケートな話題です。したがって最初は本音で話さないケースも多々あります。冒頭の社長の場合、相談当初は社内に長男がいる事、彼も会社を継ぐ覚悟をしているという話から始まりました。

親族内承継は年々減少しており、当センターでもこうした話は珍しくなってきています。ですから、「それは良かったですね。安心ですね」と笑顔で対応しました。しかしその時、社長の笑顔のなかにどこか曇った部分を感じ、それが気になっていました。


私と社長のこころがつながると、堰を切ったように社長から本音があふれました。

「優しい息子がこの厳しい世界でやっていけるとは到底思えない」

「私が経営者としてどれだけ苦労してきたことか……。息子に同じ思いをさせたくないんです」

「借入返済の目途が立ちません。そんな会社を継いでくれとは父親として言えません」

心を開いてくださったおかげで、借入過多の状況を打開するという課題が明確になりました。社長も本音を吐露できてほっとされたのか、ようやく晴れ渡るような笑顔を見せてくれました。

当センターでは、1時間程度の面談のなかで、いかに経営者の方達と信頼関係を構築し、本音で話して頂くかを常に模索しています。

第6章

事業を後世に残すM&A

~手続きラクラク株式譲渡、
選択可能な事業譲渡の事例紹介~

1　M&Aの種類

M&Aと一口に言っても、【図表6－1】のように様々な形があります。しかし、中小企業の場合、M&Aはほぼ「株式譲渡」か「事業譲渡」で行われます。

大阪府事業引継ぎ支援センターのM&Aもほとんどが株式譲渡で行われます。理由は手続きが非常に簡単だからです。うまく折り合いがつけばスピーディーに事業引継ぎをすることができます。株をいくらで譲渡する、ということだけですので会社

【図表6－1】M＆Aの手法・形態

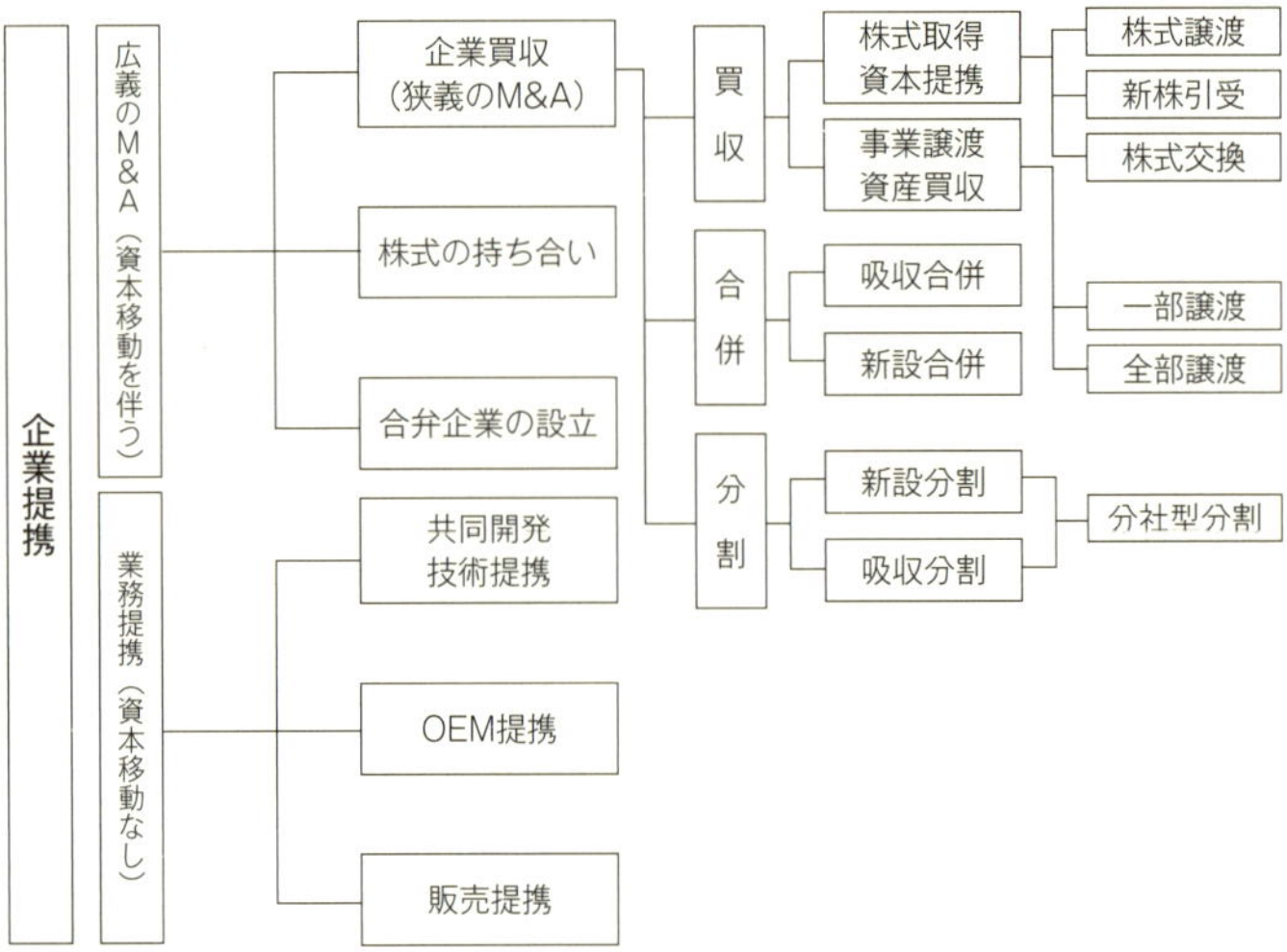

は残ります。株式を１００％保有する親会社ができて、そこから社長が派遣されたり、譲り受け企業の社長が兼務されたりします。

これに対して「事業譲渡」というのは、良いところだけが欲しいという「一部事業譲渡」と、すべてを譲渡してもらう「全部事業譲渡」があります。譲渡の範囲に融通がきく反面、手続きに時間がかかります。個人の場合は株式がないので、どうしても事業譲渡になります。

実際、事業引継ぎ支援センターで事業譲渡の形で行ったのは個人事業のケースがほとんどでした。ただ、数は少ないものの、特殊な事情があった株式会社において、事業譲渡の形式を取ったことがあります。珍しい事例ですが、本章の「５　事業譲渡の具体的事例」（１６８ページ）で詳しくご紹介します。

事業譲渡は株式譲渡に比べてとても手間がかかることは間違いありません。【図表６－２】を見るとわかるように、株式譲渡と事業譲渡を比較すると、事業譲渡のデメリット（手続きの煩雑さ）が目立ちます。

大阪府事業引継ぎ支援センターでは行われていませんが、そのほかのＭ＆Ａ手法についても簡単に解説しておきましょう。

【図表６－２】株式譲渡と事業譲渡の比較

	株式譲渡	事業譲渡
特徴	・譲渡対象企業の既存株主から買収企業が株式を買取り、子会社化する ・譲渡対価は株主に支払われる	・譲渡企業の保有する事業を法人から切り出して譲り受ける ・対価は現金で譲渡企業に入る ・承継する資産、負債を限定できる（※事業全部の譲渡を、敢えて事業譲渡によって行う場合もある）
代金の受取先と課税	譲渡企業の株主が受け取り、個人株主は譲渡所得に対して所得税がかかり、法人株主の場合は売却益に法人税がかかる	譲渡企業（法人）が受け取り、売却益や営業権収入に対して法人税などの実効税率がかかる
メリット	・法的手続が比較的簡素（基本的に当事者間の合意だけで進められる） ・雇用契約や対外契約の移転手続が少ない（株主が変わるだけ） ・早急な経営統合が不要で混乱が少なく、中小企業に向いている ・譲渡人が個人株主の場合、分離課税20％で済む（現状は復興所得税が必要）	・必要資産・負債だけを選択承継するので、簿外債務等のリスクが低い ・小規模事業の部分譲渡に適しており、M&Aの裾野が拡がる ・譲渡企業は事業のスリム化や、売却額を借入金返済に当てるなどして、残存事業を後継者に継いでもらう選択肢も生まれる。
デメリット	・簿外債務や過去の紛争を引き継ぐ恐れがある	・譲渡対象資産の移転手続が煩雑 ・従業員は譲受側企業に転籍となるため、個別に同意を得る必要あり ・事業に関連する対外的契約（取引契約等）もすべて譲受企業側への移転手続が必要 ・譲受企業は資産及びのれん部分に対して消費税が別途必要

「合併」は現実問題として手間も時間も必要になるため、中小企業にはハードルは高いです。私は以前、金融機関におり自社の合併に携わる経験しているのですが、合併の際は〝推進室〟のようなものが作られていました。そうした専用部署で、専任者がシステムの統合などを秘密裏に進めなければいけないのです。ヒト・モノ・カネ・情報等の経営資源が不足している中小企業にとって、専用部署を新たに立ち上げて専任者を置くことはもちろん、事務処理などの合体、コンピューター関係の統合などをすべて行うような余裕はないでしょう。また、合併のタイミング以降、あらゆる仕事のやり方を統一しなければならなくなるため、従業員の反発も予想されます。中小企業で合併のような形を望むのならば、株式譲渡で１００％子会社化し、徐々になじませて融和を図っていく方が現実的です。少なくとも私が経験したなかで中小企業の合併を支援した事例はありません。また、大阪府事業引継ぎ支援センターへ相談に来る前に合併を検討していた企業もありましたが、〝合併の大変さ〟を話すとすぐに考えを変えていました。

最近も「3社で合併したい」という相談がありましたが、合併の日からすべて統一させようとしても、中小企業では業務が回らず潰れてしまうおそれがあるとアドバイスすると、納得して諦めてくれました。この3社は結局、1社ずつ株式譲渡で合流させていって、それから最終的な会社の形を検討・実行していこうという話になっています。

「分割」は、M&Aの一形態ではありますが、会社法上の組織再編という色合いが濃いものになります。「新設分割」と「吸収分割」の2種類があります。新設分割とは、分割後の事業を新たに設立した会社に引継がせる方法で、吸収分割とは、分割後の事業を既存の会社に承継させる方法です。また、会社の一部をそのまま新設会社に移す手法のため、簿外債務や偶発的債務、不要な資産など、承継したくないものまで新設会社に承継させてしまうリスクがあります。

また、許認可の中には承継されるものとされないものがあります。例えば飲食業や旅行業、理容業は承継される許認可ですが、保険業やホテル・旅館営業などは事前の許可が必要になります。宅地建物取引業や貸金業などは許認可を承継できません。承継できない場合は再度許認可を取る必要がありますが、認可されない可能性もあります。吸収分割は、一部の事業を切り離した上で合併を行うようなものと考えるとプロセスが煩雑で、中小零細企業のM&A手法としてはあまり現実的でないと思います。「分割」は事業引継ぎに似た手法として紹介されることがありますが、大阪府事業引継ぎ支援センターで「分割」を用いたM&Aの事例は今のところありません。個人的には、従業員の雇用という点で懸念があります。つまり、「分割」は労働契約承継法に基づいて、転籍の同意を得ることなく従業員を承継することができますが、承継手続きは厳格でかつ相手のいることなので円滑な承継が可能かどうかは疑問の余地があります。

「合併」や「分割」が適している会社のケースもあると思いますが、大阪府事業引継ぎ支援センターがターゲットとしている中小零細企業にはあまりなじみません。したがって「株式譲渡」か「事業譲渡」という手法を使って支援しているわけです。

2　株式譲渡の特徴およびメリット・デメリット

株式譲渡によるM&Aを図であらわすと、【図表６－３】のようになります。

Aという会社のオーナーが株式をBという会社に譲渡することでBという会社の傘下になります。ａという株主が持つ株式が会社Bに移転して、対価がａに入っただけです。このように子会社化することが一般的なM＆Aの形になります。【図表6－3】の注になっていますが、なぜ中小企業の場合は100％の株式譲渡が前提になることが多いかというと、トラブルを未然に防ぐためです。たとえ現在の株主が信用のできる人物であっても、相続によって敵対的な考えを持つ者に渡ってしまう可能性があります。また、相続を繰り返すことで実際の株の持ち主が名簿とは違う名義株が発生してしまうことも考えられます。会社の譲り渡しをしたいと思っているのに名義株が発生していると、多くの社長は最初からM＆Aを諦めてしまいます。ただ、弁護士の方に話を聞くと、M＆Aをするために株の名義書き換えをしたいという相談がたくさんあるそうです。

また、大阪府事業引継ぎ支援センターへ相談に来たある社長は、手紙を出したり、株主がいると思われる住所まで実際に行ったりして、なんとか株を集めていました。株式譲渡に

【図表6－3】株式譲渡によるM＆Aの概要

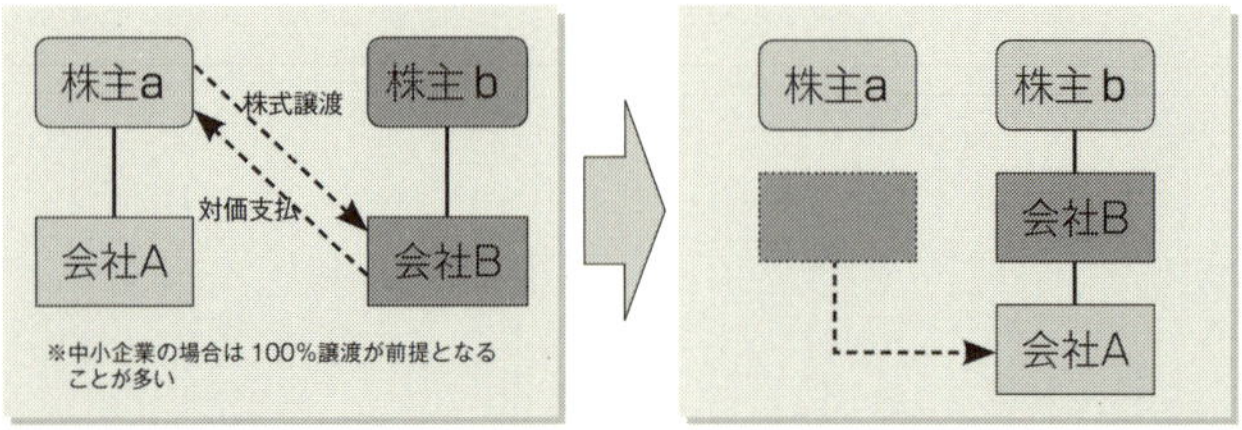

よるメリットは法的な手続きが簡素で、当事者間の合意だけで進めることができるということです。

また、雇用契約や対外契約（賃貸契約など）の移転手続きは株主が変わるだけなので少なくて済みます。ただ、各所への報告などは必要になります。特に販売先との取引基本契約書などはチェックしておく必要があるでしょう。報告する際に注意しなければいけないことが、大企業との取引がある場合です。一般的に「株式移転がある時は事前通知や承諾が必要」ということが契約書に書いてあると思います。万が一株式の移転先が反社会的勢力と関係がある場合などを想定して、そういう取り決めがされています。もちろん、そういう対象に株式を譲渡したいというようなことはないでしょうが、契約書で定められている以上は、それに従わなければいけません。

ですから、契約書をきちんと確認しておく必要があります。

ただ、基本的には会社自体が残るので移転手続きは非常に簡素です。税金について触れておくと、譲渡人が個人株主の場合、譲渡所得に対して税金がかかります。課税される割合は、所得税と住民税、復興所得税（2019年3月現在）を合わせた20・315%ですが、この譲渡所得に対しては役員報酬などの給与所得とは分離して計算する、分離課税が適用されます。人によっては損益通算ができないので分離課税でない方がいいという人もいるかもしれませんが、基本的に所得が大きいほど税金は高額になるので、分離課税は一般的に有利といえるでしょう。

デメリットとしては、簿外債務や過去の紛争を引き継ぐリスクがあるということです。もちろん買収監査（デューデリジェンス）で調べますが、人間が行うことである以上、１００％安心と言い切ることもできません。

株式譲渡をした場合の貸借対照表を見てみましょう。

【図表６－４】を見て「何も変わっていないではないか」と思われるかもしれませんが、その通りで、株主が変わる以外、基本的に何も変化はありませ

【図表6－4】株式譲渡によるM＆A

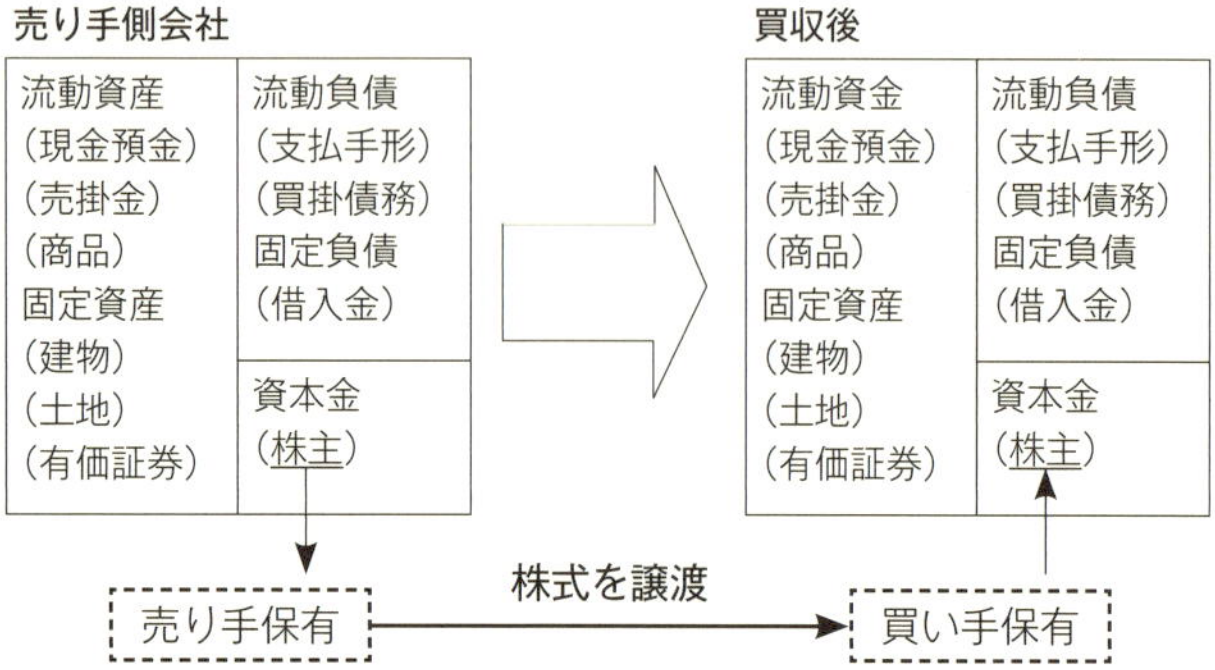

ん。譲り受け企業は、ヒト・モノ・カネだけでなく、その会社の特徴や課題まですべて引き継ぐことになります。人材や商権、免許なども引き継ぐことができますが、デメリットでも触れたように、簿外債務などがあった場合、それも譲り受け企業が引き継ぐことになります。

3　事業譲渡の特徴およびメリット・デメリット

事業譲渡によるM&Aを図であらわすと【図表6－5】のようになります。概要としては、図にあるようにSという会社のA、B、Cという事業のうちAだけを会社Bに移すというものです。事業譲渡によるM&Aを選択すると、完了するまでに半年から1年くらいかかります。それは多くの手続きに忙殺されてしまうからです。

例えばリースの部分でなかなか契約が変えられないとか、土地の所有権移転に伴って登記済みの書類が出来上がるまで車庫証明が取れないとか、電話回線の変更手続きが完了するまで電話番号を書いた名刺が作れないなど、様々なことで困っている企業を見てきました。

事業譲渡は、理美容業や飲食業などが多店舗展開を望んで選択するケースが目立ちます。採算のいい店舗や、立地的に自社とのシナジー効果の高い店舗だけが欲しいという理由からです。

今のところ大阪府事業引継ぎ支援センターでは多店舗展開しているところの事業譲渡の例がありませんが、M＆Aの仲介業者に聞いてみると、各店舗で従業員に対して説明会を行わなければならないので大変だそうです。雇用がどうなるのか説明し、一人ひとりと改めて契約しなければいけません。また店舗によっては賃貸契約の切り替えで、契約条件の変更をするか出ていってほしいと言われたりすることがあるそうです。

個人事業主がM＆Aをしようとすると、株式がないので

【図表6－5】事業譲渡によるM＆Aの概要

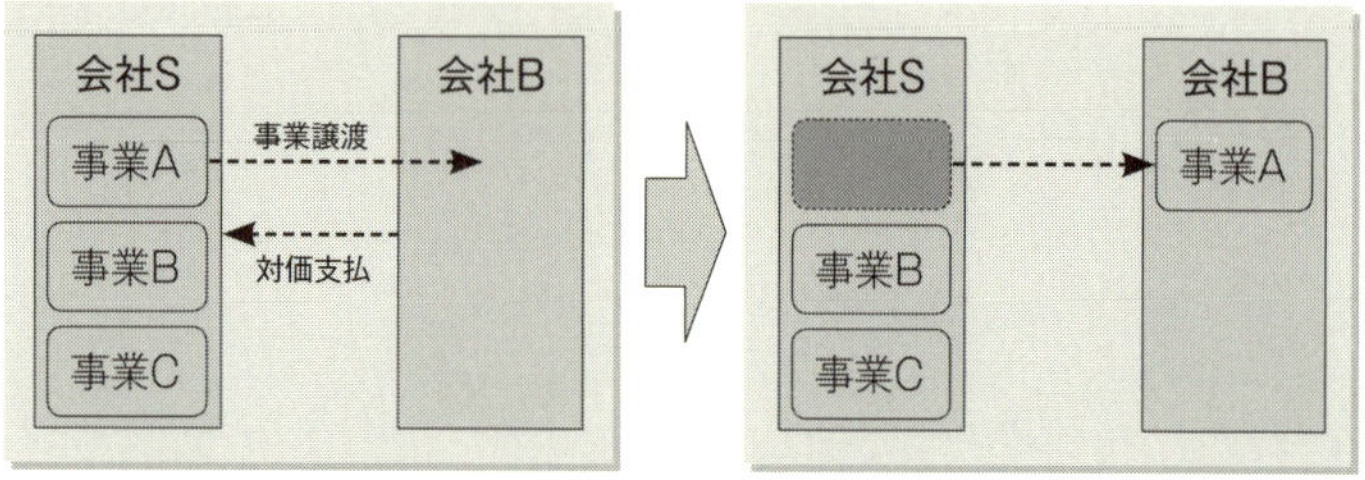

事業譲渡するしかありません。製造業だと、売上が1億円、20名程度の従業員がいるような事業者もみられます。大阪府事業引継ぎ支援センターでは実際にその規模の事業者のM&Aを支援したことがあります。そのケースでは機械未償却残高が5800万円ありましたが、8000万円で事業譲渡しました。相手先は売上高5億円の部品製作企業で、従業員の継続雇用・取引先との関係維持もできていました。

また、個人事業主のなかには、何種類かの事業を展開していて、その一部だけ子どもに事業承継させたいというケースが結構あります。私の支援した事例では、ブティックと不動産管理の事業をしている個人事業主が、息子さんに不動産管理だけを継がせたというケースがあります。息子さんは障がいのある方で、彼でも経営がしやすい不動産管理を残したのです。ただブティックも家賃収入が入るようにしていました。つまり在庫と取引先のリスト、従業員を譲渡したという形です。一般的に個人事業主がM&Aを希望するのは、やはり従業員や取引先を守りたいからという理由が多いようです。

ただ、個人事業主の場合はそもそもM&Aという発想がなく「もうこの仕事を辞めるから引継いでもらえないか」という具合で信頼できる相手に事業を引継いでもらっているケースが多いようです。営業権がいくらになるかということもあまり考えないので、相互の信頼によって事業譲渡されています。

実際、私が知っている事例で従業員と取引先を引継いでくれたら譲渡金額はこだわらない、というケースがいくつかあります。なかには、きちんと評価したら数億円の評価がつきそうな事業もありました。こういう例は表に出てこないだけで結構あると思います。大阪府事業引継ぎ支援センターに相談に来てくれた個人事業主は、銀行から紹介されるケースが多いです。事業譲渡における法人と個人事業主の基本的なプロセスに違いはありません。ただ、個人事業主の場合の全部譲渡は、譲渡終了と同時に廃業になります。社長個人は引継ぎのために仕事を続けたとしても、その後は身軽です。法人の場合は一部譲渡を選択できるほか、全部譲渡をしたとしても〝空箱〟の法人が残ります。事業がすべてなくなったとしても法人は簡単になくせないので、その手続が必要という点で違いがあります。

事業譲渡のメリットは、譲り受け企業にとっては欲しい部分だけ取得できること、譲り渡し企業にとっては渡したい部分だけ譲り渡せるということです。不要な事業や、採算性の低い事業を除外することができるので、譲り受け企業にとってはM&Aのリスクを最小限に抑えることができます。また株式譲渡でリスクだった簿外債務を負担することもありません。譲り渡し企業は、事業をスリム化した上で後継者に事業承継するという形式をとることもできます。全部を事業譲渡するというケースは、基本的に譲り受け企業が簿外債務を心配して選択します。

デメリットは、とにかく手続きが大変ということです。許認可の必要な商売だと、許認可の権利を移すことができないので、譲り受け企業がすべて取り直す必要があります。

また譲り渡し企業にもデメリットがあって、事業譲渡代金を社長個人が受け取るには株式譲渡の時よりも若干ややこしいプロセスが必要です。社長が株主の場合、株式譲渡の場合は対価が社長個人へ直接入ってくるのに対して、事業譲渡は会社に入ります。そのため、オーナーが個人で譲渡の対価を受け取ろうとすると、勤務している法人からの贈与として、給与所得としての所得税を支払う必要があります。このほか、譲り渡し企業の商品や建物などの譲受資産やのれん部分などの課税対象資産に対して消費税がかかりますので譲り受け企業の負担は重くなります。

事業譲渡した場合の貸借対照表を見てみましょう。

【図表６－６】を見ると欲しい部分だけを引き継いでいることがわかると思います。譲り受け企業には資産として「商品」「建物」「土地」が引き継がれています。センターでお手伝いするケースについて言えば、「売掛金」などまで譲渡するとややこしくなるので、譲渡する日で切って、それ以前、それ以降と、決済する側をきっちり分けてもらっています。

例えば当センターであった事例ですが、運送業と倉庫業をしている会社が事業譲渡をしました。当然、荷主から預かっている荷物というものがあります。譲渡日の前にあった荷物は譲り渡し側で処理し、譲渡日の後に発生した荷物だけを譲り受け企業で処理すると決め、土地や建物、運送用の車以外の資産は譲り受け側に渡らないようにしました。

従業員については、継続して働いてもらいたい場合、一度譲り渡し側の会社を辞めて、譲り受け企業と改めて雇用契約するということになります。執筆している現在も事業譲渡を選択されている企業を担当しているのですが、従業員の方々に雇用契約のことを話しています。一人ひとり面談して、事業譲渡

【図表6－6】事業譲渡

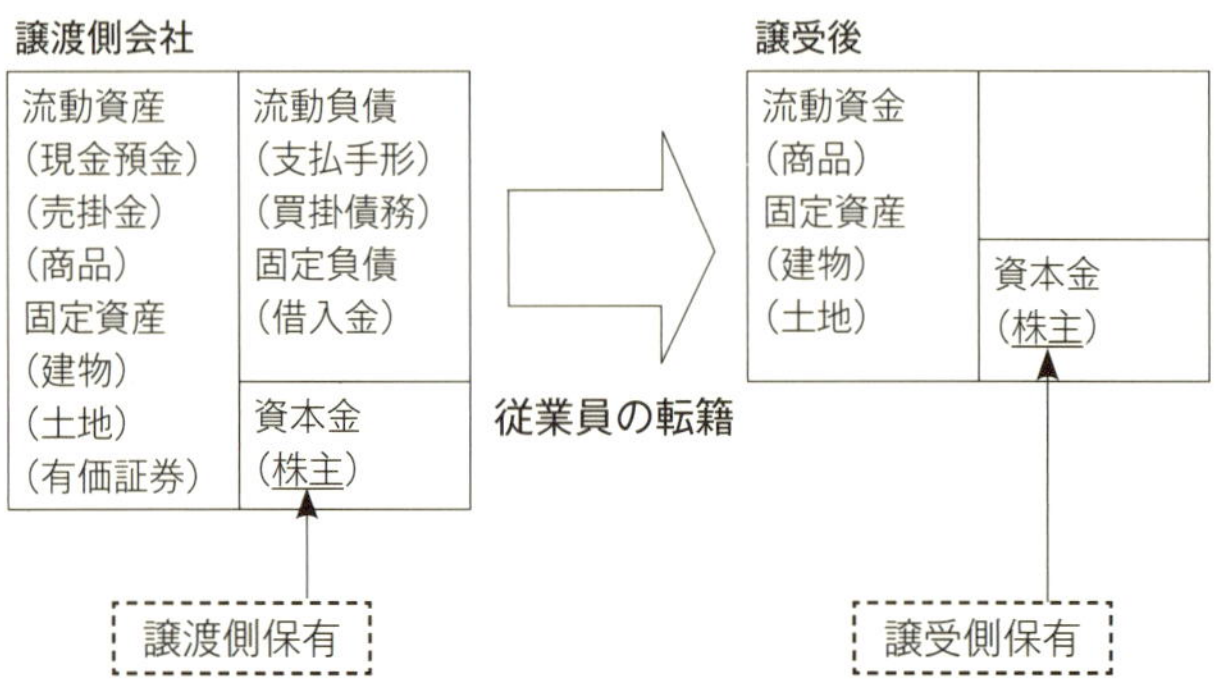

の後も新しい会社と契約してもらえるか交渉していかなければいけません。このほか新たに許認可を取得する必要があったり、取引先の同意が必要なので、すべての案件がうまく引き継げるかどうかというのはわかりません。

これまで、最初は事業譲渡で進めようとしていた会社に、こうした説明をして株式譲渡に切り替えたという例もあります。

結果として、「株式譲渡の方にしておいてよかった」と言ってもらえました。

4　株式譲渡の具体的な事例

（1）従業員と取引先を第一に考えた製造業A社の事例

株式譲渡というM&Aについて、具体的なイメージを持ってもらうために事例をご紹介しましょう。

最初にご紹介する事例は、ステンレス製衛生機器などを製造しているA社の事例です。

A社の社長には親族にも従業員のなかにも後継者候補がいません。しかし、A社社長は従業員の雇用と長年の取引先を守りたいと考え、M&Aによる事業引継ぎをすべくメインバンクに相談しました。支援に至る経緯としては、その金融機関のなかでは最適な譲渡先が見つからなかったため、事業引継ぎ支援センターへ支援要請したということでした。

面談を通して、A社の取引先の上位3社は上場企業の関連企業で、非常に優良な取引先であることがわかりました。しかも、A社は取引先から研磨に関する技術力や製品の低コスト、短納期を評価されていました。このような点はM&Aをする上で大きなアピールポイントになります。

譲渡にあたっては、譲れない点と譲れる点を明確にする必要があります。A社社長が「譲れない点」として挙げたことは「人」でした。つまり自社の従業員と、取引先との友好関

■会社概要

業種	ステンレス製衛生機器などの製造業
設立	30期
売上高	2億7300万円
経常利益	1000万円
資本金	1000万円
従業員数	9名

係の継続です。A社社長は「自分の会社がここまで続けられているのもすべて従業員と取引先のおかげだから、彼らに迷惑だけはかけられない」という考えを強く持っていました。長く経営に携わってきた方には、こうした考えを持つ経営者が非常に多くいます。A社の社長も温かい心を持った方で、会うたび私に〝人への感謝〟を話してくれました。

反対に「譲れる点」として挙げたのは譲渡価格でした。A社社長は「譲れない点を守ってくれるなら譲渡価格は二束三文でも構わない」と言いましたが、譲り受け先を見極めるためにも、しっかりとした交渉は不可欠です。譲り受け先を信頼できてこそ「譲れない点」を守ることができます。A社は上場企業の関連会社と強固な取引があるため、譲り受け先の商材次第で売上増加を見込むことができました。また、これまで営業活動に時間が取られていたA社社長が譲渡後に引き継ぎや経営の効率化に取り組むことで収益力強化の余地があると考えられました。

以上のような点を大阪府事業引継ぎ支援センターに登録している民間登録支援機関（M&A仲介業者）にノンネーム情報で提供しました。A社の高い技術力をはじめ、強みをうまく伝えることができ、複数の民間登録支援機関が関心を示してくれました。そのうちの1社とアドバイザリー契約を締結しました。

ちなみにアドバイザリー契約をする際に相談者がもっとも重視するのは「買い手候補先リスト」です。今すぐに紹介してもらえる会社がたくさんあれば安心できます。また、自社のような中小零細企業のお相手が本当に見つかるのかどうかということも不安に思っているため、アドバイザーとの相性を重視して選ぶ方もいます。あえて厳しい意見を言ってくれるアドバイザーが信頼を得ているケースもあり、社長の本気度が伝わってきます。

結果として、業態の少し異なる機械製造業の会社とM&Aが成立しました。譲り受け企業はA社の高い研磨技術を得て製造技術を向上させることができました。また、上場企業の関連会社という優良企業との取引関係を継承したため、自社商材の売り込みができます。さらに、高い営業力がA社の技術力とのシナジー効果を生みました。A社の業績は順調に伸び、訪問当初3・7%であった売上高経常利益率は直近決算では6・2%に向上、無借金経営を実現しました。全従業員の雇用も無事守ることができ、理想的なM&A成功例といえるでしょう。

(2) 売上3000万円のペットシッター業B社の事例

次の事例は譲り受け先が金融機関に相談し、事業引継ぎ支援センターに支援要請があったペットシッター業を営むB社のケースです。譲り渡す企業よりも譲り受け先の方が事業規模が小さいという珍しい例になります。

センターが支援に至った経緯は以下になります。B社の近隣にあったペットホテル経営者が地方に帰ることになり、B社に会社を引き継いでもらいたいという申し出がありました。B社社長は譲り受けるための資金調達も含めてメインバンクに相談したところ、事業引継ぎ支援センターに支援要請があった、という流れです。譲り渡す方のペットホテル経営者は、地方に帰らなければいけないということもあり、迅速な交渉を望んでいたため、金融機関の本部担当者と事前相談の上、B社社長に加えてB社の顧問税理士にも同席してもらうことにしました。ペットホテル経営者は、地方に帰ってからもペットホテルを営業したいと考え、一部事業譲渡を望んでいました。

しかし、事業譲渡は株式譲渡に比べて時間がかかること、現在のペットホテルに地方でも通用する大きなブランド力がなければ、新しくペットホテルを創業した方が簡単である

■会社概要

業種	ペットシッター業
設立	13期
売上高	3000万円
経常利益	500万円
資本金	100万円
従業員数	4名

ことなどを伝えたところ、株式譲渡によるM&Aをすることになりました。ペットシッター業とペットホテル業ということで相乗効果も期待できます。具体的には、ペットのトリミングには資格が必要なのですが、ペットホテルにトリマーがいたため、B社はペットシッティングにペットホテル、トリミングというペットの世話をワンストップで行えるというシナジーが期待できました。

また、B社とペットホテルのあった地域は大型犬を飼っている住人が多く、需要という点でも問題ありませんでした。

ただ、B社には課題がありました。株式買取資金とペットホテル業の社長に支払う退職金によって不足する運転資金の資金調達です。そこで4章「ホントに後継者がいませんか？従業員承継という選択」でもご紹介した「協調融資」という手法を利用しました。株式の買取資金については日本政策金融公庫の「事業承継・集約・活性化支援資金」を活用し、ペットホテル業社長の退職金受給によって起こる運転資金不足に対応する資金はB社のメインバンクから借りるという方法です。日本政策金融公庫は非常に協力的で、本契約書の作成を持ってエビデンスは十分ということで、この時点の基本合意は省略することができました。もともとこの案件は最初から両社の税理士が話し合いに参加しており、司法書士にも立ち会ってもらっていました。そのうえ、買収監査で精査が必要な契約もほとんどなかったため基本合意を結ぶ意味が薄かったということもあります。

そういうこともあって、日本政策金融公庫の担当者は本契約の内容を確認できれば決済を取ると言ってくれたのです。株式譲渡契約を締結後、Ｂ社は株式買取資金を日本政策金融公庫から、運転資金をメインバンクから借り入れて決済することができました。

このケースではＢ社の社長はもちろん、Ｂ社顧問税理士、司法書士に加え金融機関関係者とも綿密な打ち合わせができたため、２カ月という早さでクロージングまで持っていけました。また、契約書の交渉で比較的時間のかかる表明保証の条項もＢ社顧問税理士が最初から参加していたためスムーズに進みました。Ｍ＆Ａの結果、雇用の維持だけでなく取引先との関係維持もでき、期待していたシナジー効果も発揮され、Ｂ社は順調に成長しています。

ちなみに表明保証とは、譲り渡し企業が最終契約の締結日や譲渡日などの時点における財務や法務などに関する内容が真実かつ正確であることを〝表明〟し、その内容を譲り受け企業に〝保証〟するものです。表明保証に虚偽があった場合、補償条項に基づき補償請求・損害賠償請求されることがあります。

私は表明保証に虚偽があって訴訟に発展した事例は体験したことがありませんが、M&A後に「譲り受け企業の社長が訴えると言ってきた」という相談を受けたことはあります。M&A後に売上が落ちたことが訴える原因だそうです。しかし相談に来られた方は現役時代ととても働き者だったので、引き継ぎ後何年か経って売上が落ちたからといって表明保証に虚偽があったとはいえません。私はそれまで、「表明保証というものは譲り受け企業が安心するために入れておくもの」くらいのイメージでしたが、この相談を受けて表明保証に時間がかかるのも無理はないと思いました。

(3)債務超過の製造業C社の事例

この事例は債務超過であってもM&Aに成功したケースになります。C社は3社から「御社を譲り受けたい」という引き合いがあり、どのように絞り込めばいいか、また多くの依頼資料作成への助言などを求めて事業引継ぎ支援センターに支援を要請してきました。

最初に書いたように、C社は債務超過です。しかし3社から引き合いがありました。これは、大手企業が取引先で、安定性と売上代金回収での不安がないということが理由として考えられます。しかし、このほかにもC社は磨き上げのために管理職育成に力を入れており、私はこれが大きな魅力になったのではないかと思います。現在は優秀な人材を求めてM&Aをする会社が多く見られます。また、M&Aの後に譲り受け企業が、自社の社員ではなく、譲り渡し企業の優秀な従業員を社長とすることもできます。これはある意味で〝変則的な従業員等への承継〟ともいえます。新社長となる従業員は株式取得の負担がありませんし、〝新参者〟に会社を牛耳られることもないので関係者の理解も得られやすいでしょう。もちろん、譲り渡し企業の社員をM&A後に社長とできるかどうかは個々のケースによって違い、交渉次第なところがあると思いますが、今後のM&Aを考える上で十分にあり得る選択肢ではないでしょうか。

■会社概要

業種	送風機メーカー
設立	30期
売上高	7億2700万円
経常利益	600万円
資本金	9000万円
従業員数	60名

C社の話に戻ります。3社のなかから、もっとも相乗効果が狙える1社を選びました。そこは売上高10億円の企業で、環境・エネルギー事業への展開に注力していました。また譲渡後の債務超過解消策についても綿密に検証した結果でもあります。

M&A後に譲り受け企業が増資を行ったことで債務超過が解消され、金融機関の金利も下がりました。譲り受け企業としても金利が下がることで利益率が上がります。このように、債務超過の企業でもM&Aが成功するケースは珍しくありません。

5　事業譲渡の具体的事例

(1)自社より規模の大きい会社を譲受した販売業D社の事例

次にご紹介する事例は事業譲渡によるM&Aを選択されたケースです。

D社は、自動車電装品販売修理業界の老舗会社の会長から「事業の一部を譲受してもらえないか」と相談されました。同社の会長は自社の従業員の雇用と取引先を守るのにあたって、信頼できるD社が譲受してくれることを強く希望していました。D社の社長がメインバンクに相談し、そこから事業引継ぎ支援センターへ支援要請があったという経緯です。私がD社の社長と面談し、お話を聞いたところ、お相手の企業は業界の老舗で、D社と販売先も違うので、販路拡大が期待できるということでした。このように大きな魅力を持った話でしたが、相手企業は売上高７億万円、資本金は１５００万円であり、Ｄ社よりも規模が大きいため、Ｄ社の社長はＭ＆Ａをするにあたって不安を持っていました。

私は譲受する際のＭ＆Ａの流れやポイント、リスクなどを説明した上で、Ｍ＆Ａ後の戦略立案の必要性を伝えました。そしてＤ社が策定した戦略は、「金融機関と共に立てた収支改善策の実行による収支改善、Ｄ社の営業力を活かしたテリトリー開拓と関連部品販売による売上向上戦略」でした。具体的には、サービスフロントを置くことで、ナビ取り付け、オーディオ・バッテリー交換、エアコン修理などに付随する部品を売って儲けるという戦略です。譲り渡し企業が卸売業、Ｄ社が小回りの利く小売業のようなイメージです。譲り渡し企業は無借金経営で現預金も潤沢にありました。ただし、直近２年は赤字になっていたため、各決算期の部門別収支、直近試算表を受け取り、部門別事業収支の精査及びキャッシュフロー分析をする必要がありました。

■会社概要

業種	自動車電装品販売業
設立	50期
売上高	5億2000万円
資本金	1000万円
従業員数	17名

事業譲渡の場合、株式譲渡と違い簿外債務を引き継ぐ心配はありませんが、それでもシナジー効果を正確に予測し、M&A後の戦略を確かなものにするためにこうした分析は不可欠なのです。デューデリジェンスの結果報告会によって情報が共有されたことを受け、私はD社のメインバンク支店長や顧問税理士とともに、M&A後の収支計画を細かく検討しました。その結果、収支改善の見通しを立てることができ、無事に事業譲渡契約を成約させることができました。

ただ、事業譲渡という形式の特徴として、賃貸不動産や在庫等の細かい引き継ぎ部分の打ち合わせ・検討が何度も必要になり、私の支援回数は11回に及びました（早い案件は6回程度で終わるので、かなり多い方です）。当然、相応の時間も必要でした。スピードという点では、やはり株式譲渡に劣ることは否めません。

とはいえ、D社はその後、営業力を活かして商圏を拡大、売上を向上させています。譲り渡し企業の会長が望んでいた雇用と取引先の維持もできました。通常、事業譲渡は株式譲渡に比べて雇用や取引先の維持は難しいのですが、この事例はうまくいった珍しいケースです。

(2) 買収リスクのある同業者を譲受した製造業E社の事例

D社の事例と同じく譲受を持ちかけられたE社の事例です。D社のケースと違うのは、相手企業に多額の借入金や不良債権があったことです。

E社は近隣の同業者から自社の事業を譲受してほしいと相談されていました。相手企業は売上高が３億５０００万円ありましたが、借入金や含み損、不良債権を抱えていました。E社社長はM&Aの知識がないため、この話を受けるべきか判断ができませんでした。そこで、メインバンクではないものの信頼のできる取引金融機関に相談、当センターに支援要請が回ってきたという流れです。私はE社社長にM&Aの基本的な流れと手法を説明し、両社の規模がほぼ同じことから買収リスクがあることを話しました。M&Aは、どうしても従業員が辞めてしまったり、取引先が「社長が変わったなら付き合いはこれまでだ」と離れてしまうリスクがあります。ですから、譲り受け企業は譲り渡し企業よりも10倍程度の規模を持っていた方が、リスクヘッジできます。M&Aでは相手先の経営状況を検証することが不可欠で

■会社概要

業種	製造業
設立	51期
売上高	5億4900万円
経常利益	1000万円
資本金	1000万円
従業員数	6名

すが、この事例でもE社社長が特に望んだこともあり、丁寧に検証し説明しました。
検証した主な項目は以下になります。

- ・約1億円の設備借入金を、E社のキャッシュフローで返済できるか
- ・時価純資産価額から導かれる営業権の価値が妥当かどうか
- ・E社と譲り渡し企業の雇用条件の相違

特に雇用条件は、E社よりも譲り渡し企業の賃金ベースの方が高かったため、E社に合わせる場合、従業員と個別に話し合わなければいけません。事業譲渡は従業員と雇用契約を再度結ぶ必要がありますが、条件が変わる場合は通常よりも説明・説得に時間がかかることは言うまでもありません。E社にとって悪そうな要素ばかり書きましたが、もちろんメリットもありました。現在のE社の敷地では設備の増設ができませんが、譲り渡し企業の敷地に設備を移転することで、現在のE社敷地で新規事業を行うことができ、増収増益が見込めました。

またE社の大口受注先の取引相手はE社と譲り渡し企業の2社だけでした。したがってM&Aをすることによって、この大口受注先のシェアをE社が独占できることになります。

以上の状況を把握した上でE社の社長に相手企業へ条件提示を求めるか、積極的に進める場合はこちらから条件提示するのも良いとアドバイスしました。ただ、基本合意後に財務・法務・事業等の専門家による買収監査（デューデリジェンス）は必要だとも伝えました。

話を進めることになり、E社の社長、金融機関関係者、E社顧問税理士・司法書士とともにM&A後の事業計画及び本M&Aに当たってのリスクや注意事項の打ち合わせをしました。その結果、事業譲渡価額は8000万円、買収資金は金融機関の融資によること、事業譲渡契約書は司法書士へ依頼することなどを確認しました。

また、司法書士には事業譲り受けの株主総会・取締役会の開催が必要であることを伝え、議事録作成を依頼しました。そのほか、契約書に添付する譲渡財産目録は財務のデューデリジェンスを顧問税理士が行った後に作成すること、未登記建物があるので、測量し表示登記等を取引までに完了することなどを確認しました。その後、基本合意を経て、E社の社長、金融機関関係者、E社顧問税理士・司法書士で事業譲渡契約書などの最終チェックを行いました。懸念されていた譲渡先従業員からの雇用については、E社社長が何度も丁寧に説明し、最終的には全員報酬が下がっても雇用継続に了解してくれました。書類は司法書士が事前にチェックの上、金融機関支店において事業譲渡契約及び資金決済が行われました。

この事例ではE社の社長、金融機関関係者、E社顧問税理士・司法書士で事前にM&Aにあたってのリスクや注意事項を打ち合わせできたことがポイントでした。事業譲渡は株式譲渡に比べ手続きが煩雑で、私は基本的に株式譲渡を勧めています。実際、譲り渡し企業にとっては株式譲渡の方が容易なうえ、時間もかからないことが多いので株式譲渡を希望される社長が多いです。しかし本案件の場合、譲り渡し企業のオーナーに事情があったようで株式譲渡ができませんでした。譲り渡し企業が相談者ではなかったため詳細は聞いていませんが、相続関係で株の移転に問題があったようです。事業譲渡も時間がかかりますが、それ以上に株の移転問題に時間がかかりそうということで事業譲渡を選択したようです。E社社長は譲り渡し企業の事情を汲んで事業譲渡を選択しました。手続きが複雑だということは十分理解していると言っていましたが、実際に手続きをした後「ここまでとは思わなかった」と漏らしています。車庫証明の取り直しや、電話回線の手続きなどは時間もかかって大変だったそうです。M&A後の譲り渡し企業の事務面でも、それまでとは勝手が違うため戸惑ったという声がありました。

とはいえ、E社は当初の予定通り新規事業を始め、大口受注先のシェアを独占できる運びとなりました。

ちなみに、この案件でずっと一緒に取り組んできた金融機関は事業譲渡価額８０００万円を融資したこともありE社のメインバンクになることができました。

一般に、事業承継やM&Aに関わる相談をあちらこちらですることはありません。そのため、親身になって聞いてくれた金融機関と関係が深まるのは自然なことのようです。現在はまだ事業承継やM&Aに対してもっと積極的になる余地のある金融機関もありますが、株式譲渡の資金を全額支援するというような前向きなところもあります。今後金融機関は中小企業の事業承継やM&Aに協力することでメインバンクとなるチャンスを積極的に得ようとするでしょう。

例えば金融機関が独自のマッチング機能を構築し、企業同士の〝お見合い〟までをコーディネートし、〝結婚〟までの部分を事業引継ぎ支援センターに任せるという連携が今後増えていくのではないでしょうか。金融機関は融資を通して企業との関係性やたくさんの情報を持っています。そして営業のマンパワーもあります。事業引継ぎ支援センターはM&Aをクロージングに向かわせるノウハウを有しています。両者は補完関係にあるといっていいでしょう。もちろん、金融機関単体でも今後ノウハウを蓄積させていくとは思いますが、M&Aをする場合は事業引継ぎ支援センターとうまく協力して頂いた方が効率的です。大阪府事業引継ぎ支援センターはこうした考えのもと金融機関との連携を強化しており、さらに進めていきたいと考えています。

中小企業の社長と金融機関は、日頃から信頼関係を構築しておくことで、相互にメリットがあると思います。事業承継するにしろ、M&Aをするにしろ、金融機関の協力は大きなポイントになります。したがって、早くから社長と金融機関の担当者が話し合っておくことで多様な選択肢が用意できるのです。

M&A当事者インタビュー

譲り受け企業の代表取締役B様　その2

今回のM&AでB社にとってどのようなメリットや相乗効果がありましたか？

――当社は卸業なので、小売り分野に進出できるメリットは十分あります。出口部分をやりたいという思いは前々からありましたが、実際どのようにお客様に売れていくのかという現場を目の当たりにして学ぶべきことが多かったです。ありきたりの商品を置いてもだめなんだという気づきは従来の仕事にも生きてくると思います。現在C社には、当社社員を取締役にあてています。彼の役員としての成長も望んでいるところです。

今回の経験を踏まえて、会社の譲受を考えている方々へのメッセージをお願いします。

――M&Aは成約してからがスタートだということです。

私どもも成約後の課題はたくさんあります。煎餅の手焼き技術の伝承やそれを習得する人材の確保が急務です。

あと、M&Aを成功させるにはまさに人と人との関係がカギとなるということです。創業者にとって自分の会社は子どものようなものでしょう。そのようなかけがえのない存在を手放す、他人に譲渡することはどうしても複雑な心情がつきまとうと思います。そのような気持ちを十分理解するように努め、真摯に進めることが大切だと実感しています。

「謝辞」
事業承継・事業引継ぎ支援を通じてお出会いしました経営者の皆様、様々な先生方はじめ、すべての皆様に心より感謝しますとともに本書の執筆に際してご協力いただきました皆様に心からお礼申し上げます。ありがとうございます。

株式会社　リンケージ
代表取締役　岩村　信寿 様
『小さな会社にも活用できるバランス・スコアカードの創り方（新訂3版）』（同友館）に引き続き、本書執筆のご指導をいただきまして誠にありがとうございます。岩村様の書籍にかける情熱にはいつも感動しております、これからも何卒ご指導をよろしくお願いいたします。

編集部　早田　太郎 様
本書執筆に並々ならぬご尽力をたまわりました。誠にありがとうございます。

◉著者紹介

上宮　克己（うえみや　かつみ）

【略歴】


1986年京都産業大学経済学部卒業後、フクトク銀行に入社。2001年に箕面商工会議所の中小企業相談所所長に就任。2004年には（株）上宮経営開発研究所を開設し、現在も中小企業の笑顔と元気のために働き続けている。

事業承継についての取り組みは、2008年に中小企業基盤整備機構の事業承継コーディネーター。2012年、国の事業である大阪府事業引継ぎ支援センター開設に伴い統括責任者（プロジェクトマネージャー）に任命される。

金融機関、中堅中小企業、中小企業大学校、大学、商工会議所等において、事業承継セミナー、M&Aセミナー、バランス・スコアカードと経営計画作成セミナー等、講師としても活躍。

中小企業へバランス・スコアカードの導入による経営戦略・経営計画作成実行支援（1258社）をするほか、事業承継（経営の承継・経営者の承継・資産の承継）計画作成実行支援（2381社）、M&A支援（成約152社）、顧客満足経営等の支援をおこなっている。

著書に『小さな会社にも活用できるバランス・スコアカードの創り方（新訂3版）』（同友館）

中小企業診断士。

◉執筆協力

兼田　亜貴（かねだ　あき）

【略歴】


大阪府事業引継ぎ支援センター統括責任者補佐（サブマネージャー）。兼田あき司法書士総合事務所所長。地方自治体職員として13年間に渡り中小企業支援の業務等に従事した後、中小企業診断士・司法書士の資格を取得する。

事業引継ぎ支援を始めてから1年と経たないうちに2件のM&Aを成約に導き、上宮も期待を寄せている。

2019年9月2日　初版第一刷発行

大阪府事業引継ぎ支援センターの挑戦

著　者　©上　宮　克　己
発行者　岩　村　信　寿

発行所　リンケージ・パブリッシング
〒104-0061 東京都中央区銀座7-17-2
アーク銀座ビルディング6F
TEL 03(4570)7858　FAX 03(6745)1553

発売所　株式会社 星雲社
〒112-0005 東京都文京区水道1-3-30
TEL 03(3868)3275 FAX 03(3868)6588

乱丁・落丁はお取り替えいたします

ISBN 978-4-434-26428-3　Printed in Japan 2019

リンケージ・パブリッシング ベストセラー

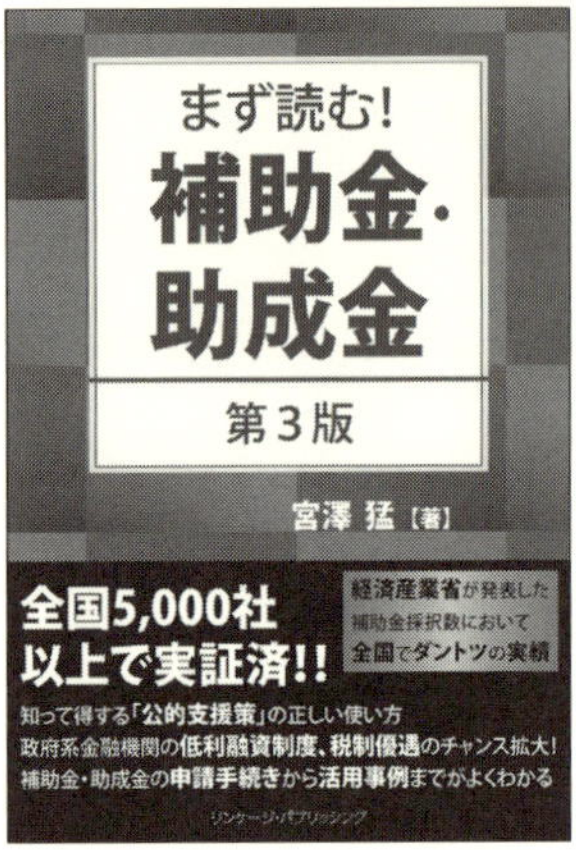

まず読む!
補助金・助成金　第3版

宮澤 猛【著】

A5判／224頁／定価（本体2,000円＋税）

全国5,000社以上で実証済!!

経済産業省が発表した補助金採択数において
全国で**ダントツ**の**実績**

知って得する**「公的支援策」**の正しい使い方
政府系金融機関の**低利融資制度、**
税制優遇のチャンス拡大!
補助金・助成金の**申請手続き**から
活用事例までがよくわかる

目次

著者紹介

宮澤　猛

1967年生まれ。1990年東京農業大学農芸化学科卒業。
1990年㈱ダイエー入社。2001年㈱ラック入社、
社内ベンチャーで現在の中小企業支援事業を立ち上げる。
2007年東京中央経営㈱設立。
会社実績
経営革新計画（中小企業新事業活動促進法、中小企業等経営強化法）4,632件。
研究開発型補助金381件。創業融資497件。